KB041896

민족주의

Vita
Activa 개념사 23

민족주의

장문석 지음

책세상

차례

3장 | 민족주의의 시대

4장 | 민족주의의 전망

프롤로그

민족과 민족주의 구별하기

민족주의nationalism란 문자 그대로 풀이하자면 민족nation을 위주로 하는 사상이나 감정을 의미한다. 그렇다면 '민족'은 무엇이고, '위주로 하는 사상이나 감정'은 또 무엇인가? 사실, 민족주의를 둘러싼 지금까지의 논쟁은 이 두 가지 물음에 답하려고 한 과정이었다고 해도 과언이 아니며, 이 책 역시 그러한 물음들에 답해보려는 하나의 시도라고 할 수 있다.

오늘날 우리 학계에서 민족과 민족주의에 대한 논의가 다양한 방식으로 깊이 있게 전개되고, 민족주의에 대한 태도도 찬반양론을 넘어 '세련된' 방식으로 성숙하고 있음은 환영할 만한 일이다. 다문화주의에 대한 최근의 점증하는 관심이 그 사례이다. 이는 결혼하는 열 쌍 중 대략 한 쌍이 국제결혼 부부라는 우리의 변화된 현실을 반영한 것이기도 하다. 게다가 눈 밝은 학자들은 '단일 민족'을 강조해온 우리 역사에서도 일찍이 존재했던 다문화주의의 사례를 속속 찾아내고 있다. 가령 동명이나 수로와 같은 이른바 '외래 왕'의 지속적인 존재나 고려 초기에 귀화인이 전체 인구의 약 14퍼센트에 달했다는 사실을 언급하면서 우리의 다문화적 역사 혹은 '복합적 단일 민족'의 역사를 부각하는 것이다. 이 새삼스러운 발견은 그 자체로 우리 민족의 역사에 깃든 다양성과 풍부함을 일깨워준다. 그러나 달리 보면, '외래 왕'의 존재는 외래의 것을 우리의 '왕'으로 모시는 태도일 수 있다는 점에서 맹목적 사대주의로, 그 반면에 높은 귀화율은 외래의 것을 '천민'으로 대하는 태도일 수 있다는 점에서 편협한 국수주의로 해석될 수도 있다. 물론 이는 과잉 해석일 수 있지만, 굳이 그렇게 해석해보는 것은, 다문화주의에 대한 관심에도 불구하고 사대주의와 국수주의라는 민족주의의 양대 편향이 늘 잠재해 있음을 상기시키기 위함이다. 때로는 최악의 것을 생각하며 조심하는 것도 나쁜 일은 아니리라.

특히 그러한 편향들은 학계에서 축적된 '세련된' 민족주의 논의들과는 별개로 일반 대중의 정서에서 더 잘 도드라진다. 이는 민족주의가 본질적으로 소수 감정이 아니라 대중 감정으로서, 종종 대중 영합적 성격을 띠기 때문이기도 하다. 가령 다문화주의의 배다른 형제 격인 세계주의globalism의 쓰나미 앞에서 영어 교육에 '올인'하는 전 국민적 열정을 보면, 하나의 언어가 삶의 도구가 아니라 삶의 목적 자체가 된 듯한 인상을 받는다. 그런가 하면 2011년 3월에 일본을 강타한 대지진과 쓰나미의 참상에 인류애를 느끼면서도 한편으로는 일본에 대한 적대감을 오롯이 드러내곤 하는 우리의 모습은, 세계화의 수식에도 불구하고 우리의 DNA에 민족주의적 반일 감정이 견고하게 각인되어 있음을 보여준다. 물론 영어 교육열에서 미국적인 것을 '왕'으로 모시는 사대주의를, 그 반면에 반일 감정에서 일본적인 것을 '천민'으로 대하는 국수주의를 발견하는 것은 지나치게 과민한 반응일 수 있다. 그렇기는 해도 영어 교육열과 반일 감정이 지나쳐 '건전한' 세계주의와 '건전한' 민족주의의 한도를 왕왕 넘어서곤 한다는 점까지 부인하기는 어렵다.

그런 점에서 세계주의를 말하든 민족주의를 말하든, 그 '건전함'의 의미를 공유하고 '건전함'의 한도를 설정하는 것은 우리 학계와 사회가 공히 감당해야 할 몫이라고 생각된다. 이를 위해서는 두말할 것 없이 민족과 민족주의의 역사와 현실에 대한 더 많은 학문적·대중적 토론이 필요하다. 이러한 토론을 통해서 민족과 민족주의와 관련해 아직까지 묻혀 있는 중요한 사실들과 쟁점들이 드러날 것이다. 미리 언질을 하자면, 이 책의 기본 전제는 민족과 민족주의를 구별하는 것이다. 이는 어쩌면 너무도 뻔하고 맥 빠지는 말로 들릴지 모른다. 그러나 이러한 구별은 중요하다. 왜냐하면 그동안의 논쟁들이 양자를 혼동함으로써 논의를 공전시켜왔다고 판단되기 때문이다. 민족주의의 폐해를 지적하는 것이 곧 민족의 현실 자체를 부정하는 것으로 오해되거나,

2011년 3월 대지진과 쓰나미가 일어난 직후의 일본 북부 지역의 모습

일본을 강타한 대지진과 쓰나미의 참상에 인류애를 느끼면서도 한편으로는 일본에 대한 적대감을 오롯이 드러내곤 하는 우리의 모습은, 세계화의 수식에도 불구하고 우리의 DNA에 민족주의적 반일 감정이 견고하게 각인되어 있음을 보여준다. 세계주의를 말하든 민족주의를 말하든, 그 '건전함'의 의미를 공유하고 '건전함'의 한도를 설정하는 것은 우리 학계와 사회가 공히 감당해야 할 몫이다.

아니면 민족의 실체성을 강조하는 것이 민족주의를 무조건적으로 찬양하는 것으로 오해된 것도 모두 그러한 혼동에서 비롯된 일이 아닐까 한다. 민족과 민족주의를 개념적으로 엄격하게 구별하고 정의함으로써 민족주의를 둘러싼 이론적 난점을 전부 해결할 수는 없겠지만 불필요한 오해만큼은 상당 부분 불식할 수 있다고 본다. 그리고 이와 같은 엄밀한 개념적 인식을 바탕으로 민족과 민족주의의 과거, 현재, 미래에 대한 유일하게 올바른 관점까지는 아니더라도 적어도 균형 있는 안목을 가질 수 있으리라고 믿는다.

이러한 맥락에서 1장과 2장에서는 각각 민족과 민족주의의 개념을 분석한다. 특히 민족과 민족주의의 개념이 다양한 방식으로 정의되고 있는 현실에 주목해 좀 더 명확한 개념 정의를 추구한다. 이를 통해 민족과 민족주의라는 복잡한 의미의 미로 속에 부족하나마 몇 개의 표지판을 세워보고자 한다. 3장과 4장에서는 민족주의의 역사적 전개 과정을 간단히 고찰한다. 특히 세계화와 세계주의의 조건 속에서 민족주의의 운명에 대한 다양한 예언이 난무하는 현실에 주목해, 미래를 예측하는 과정에서 염두에 두어야 할 역사적 조건들을 제시하려고 한다. 이를 통해 민족주의의 불투명한 운명을 추리할 수 있는 몇 가지 실마리를 수집해보고자 한다.

단, 이 책에서는 주로 서양 학계의 최근 연구 성과들에 입각해

서양사, 특히 유럽사의 사례를 통해 민족과 민족주의의 개념과 역사를 검토할 것이다. 이는 동서양을 아우르는 세계사에 대한 안목과 한국사에 대한 전문 지식이 없는 필자로서 어쩔 수 없는 선택이다. 말하자면, 이것은 필자의 시각이 충분히 '세계적'이지도 못하고 온전히 '민족적'이지도 못한 데 대한 옹색한 변명이다. 그래도 '유럽적' 시각은 유럽이 민족주의에 대한 풍부한 경험을 보여준다는 점에서 민족과 민족주의에 대한 사고를 터주고 쟁점을 밝혀주는 나름의 중요한 역할을 감당할 수 있다는 믿음으로 위안을 삼으려고 한다.

1장

민족의 개념

1

민족의 어원

지난날의 장미는 이제 그 이름뿐
우리에게 남은 것은 그 덧없는 이름뿐

에코Umberto Eco의 소설 《장미의 이름》 마지막에 나오는 중세의 시 구이다. 이 구절에서 '장미'의 의미는 안개에 싸여 있다. 12세기 의 판본에서는 '장미rosa'의 자리에 '로마Roma'가 나온다고 한다. 그러고 보니, 장미보다는 로마가 민족주의를 이해하려는 우리의 목적에는 더 알맞아 보인다. 장미보다야 로마가 민족주의와 더 가까운, 민족주의를 더 잘 연상시키는 단어이니 말이다. 그러면 이 구절에 장미도 로마도 아닌, '민족'을 대입한 뒤 다시 생각해 보자. 우리가 지난날의 '민족'의 의미 내용을 온전히 이해할 수 있을까? 오늘날 우리에게 남은 것은 그저 '민족'이란 이름뿐이 아닐까? 과연 지난날의 '민족'과 오늘날의 '민족'은 다르다. 그 러나 이름은 전해졌고, 우리는 지금도 그 이름을 계속 부르고 있다. 이 사실은 사소한 것이 아니다. 민족주의에 대한 우리의 연구도 결국 '민족의 이름'에서 출발할 수밖에 없고, 또 출발해야 하는 것은 아닐까?

오늘날 서양 각국에서 민족은 네이션/나시옹/나치온nation, 나치오네nazione, 나시온nacion 등으로 표기되며, 이 말들은 모두 공통의 뿌리를 가지는 라틴어 나티오natio와 나투스natus, 나스코르nascor 등에서 유래했다. 고대 로마의 저술가이자 정치가인 키케로(기원전 106~43)가 나티오를 출생의 여신으로 의인화했을 정도로 애당초 나티오는 출생과 관련된 개념이었다. 키케로는 또한 유대인과 시리아인을 가리켜 "노예로 태어난 민족들nationes natae servituti"이라고 묘사했는데, 이 역시 나티오가 출생의 공통성으로 묶인 집단임을 암시한다. 단, 이 경우에 나티오는 로마인의 입장에서 외국인을 지칭하는 말로 사용되었다. 그런데 로마인이 보기에 외국인은 생김새도 묘하고 입는 옷과 먹는 음식도 별나다는 점에서 조롱거리가 되는 코믹한 존재였다. 이로부터 고대 로마에서 나티오는 그다지 긍정적인 용어는 아니었음을 알 수 있다.

키케로

당시에 긍정적인 용어는 나티오가 아니라 포풀루스populus였다. 포풀루스는 오늘날 서양 각국에서 피플people, 푀플peuple, 포폴로popolo, 푸에블로pueblo 등으로 표기된다. 고대 로마에서 '로마 원로원과 인민'이라는 뜻으로 쓰였던 로마자 약자인 'SPQR'의 'P', 즉 '인민'에 해당하는 것이 포풀루스이다. 여기서 알 수 있

젠트리

영국에서 대영주층magnates 아래에 위치했던 기사와 지방의 젠틀먼gentleman을 총칭하는 말이다. 주로 하급 귀족층, 혹은 한두 개의 장원을 지닌 토지 소유 계급을 뜻한다. 우리말로는 '향신'이나 '신사'로 번역될 수 있다. 이들은 오랫동안 '인클로저(울타리치기)' 운동을 통한 자본주의적 농업 경영의 주역으로 간주되었고, 이들 중 많은 이들이 청교주의puritanism를 받아들여 영국 혁명기에 적극적인 역할을 수행한 것으로 보인다.

듯이, 포풀루스는 단일하고 순수한 정치적 공동체이자 주권과 일체화된 정치적 실존을 뜻했다. 요컨대 코믹한 외국인은 나티오, 진지한 로마인은 포풀루스였던 셈이다.

중세 유럽에서 나티오는 여전히 외국인을 가리키는 말로 사용되면서, 다른 한편으로는 대학의 동향 집단이나 공의회의 동향 출신 대표들을 가리키는 말로도 사용되었다. 그런데 동향인들은 대체로 특정 안건에 대해 같은 의견을 갖는 경향이 있었다. 따라서 이 경우에 나티오는 일종의 의견 공동체를 뜻했다. 또한 단지 동향인들이 아니라 동향인들의 대표라는 의미가 부각되면서 나티오는 점점 더 보통 사람과는 구별되는 선택된 계층, 즉 엘리트 귀족을 뜻하게 되었다.

예컨대 17세기 잉글랜드 내전을 전후한 시기에 네이션은 대귀족과 젠트리gentry 등 특권적 엘리트층으로 이루어진 정치적 민족political nation을 뜻했다. 특히 스튜어트 절대 왕정에 대한 저항 속에서 의회가 '자유인으로 태어난 잉글랜드인들', 곧 잉글랜드 민족의 정치적 권리를 대표하는 기관으로 간주되면서, 네이션은 나라의 모든 거주민이 아니라 의회에서 대표되는 소수를 가리키는 것이 되었다. 이 정치적 민족은 소수에 불과했지만 강력한 헤게모니를 행사했다. 그들은 부패하고 타락한 '궁정'에 맞서 검소와 절제의 미덕을 갖춘 '지방country'의 이념을 내세웠는데, 이 지방이야말로 그 자체로 민족과 동의어였다고 할 수 있다.

주권적 권력과 벌거벗은 생명

아감벤에 따르면, 주권적 권력은 본질적으로 예외 상태를 선포할 수 있는 존재로서, 법의 외부에 위치하면서 역설적이게도 법의 지배를 선포한다. 그런 점에서 주권적 권력은 법치와 폭력, 정상 상태와 예외 상태가 구별되지 않는 영역에 존재한다. 한편, 벌거벗은 생명이란 그러한 주권적 권력에 의해 만들어지는, 법의 보호 바깥에 있는 예외 상태의 존재이다. 근대의 주권적 권력은 국민의 신체와 건강을 직접 다루는 생명 정치로서, 벌거벗은 생명을 양산한다고 할 수 있다.

이와 같이 코믹한 외국인을 지칭하던 나티오/네이션이라는 말의 액면 가치는 오랜 세월에 걸쳐 상승했다. 그러나 상승하는 것이 있으면 하락하는 것도 있는 법이다. 포풀루스라는 말의 경우가 그러했다. 포풀루스는 종래의 국가를 구성하는 시민단, 즉 주권적 존재라는 의미가 유지되면서도 의미 변용이 일어나 도둑놈이나 파괴자를 뜻하는 부정적인 말로 쓰이기 시작했다. 즉 억압받는 금지 구역에 속한 하층민이나 주변인이라는 또 다른 차원의 포풀루스의 의미가 생성된 것이다. 이로써, 정치 철학자 아감벤Giorgio Agamben(1942~)이 《목적 없는 수단Mezzi senza fine》(1996)이라는 저서에서 매우 적절하게 표현했듯이, 포풀루스라는 개념 속에서 주권적 권력과 벌거벗은 생명 사이에 '내전'이 벌어졌다. 그리고 이 내전 속에서 점점 더 많은 사람들이 자기 명함에 포풀루스가 아니라 나티오라는 명칭을 새기고 싶어 하게 되었다.

아감벤

이때가 18세기 무렵으로, 민족 담론의 폭발을 목격할 수 있는 바로 그 시대인 것이다. 예컨대 프랑스의 경우에 고등법원parlement이 왕에 대해 나시옹을 대표하며 나시옹에 대해서는 왕을 대표한다고 자처하면서 민족 담론의 유포에 크게 기여했다. 또한 프랑스 혁명기에는 의회, 방위대, 교육, 경제 등 모든 말에 나시옹의 형용사형인 '나시오날'이 붙으면서 민족 담론이 만발했다. 다만, 유념해야 할 사실은, 당시에도 괴테와 같은 작가가 여전히 "하녀라는 나치온"이라는 표현을 쓸 정도로 당시의 네이션에는 프랑스 구체제에서 고등법원은 왕으로부터 사법권을 위임받은 재판소였다. 이 재판소는 법복 귀족의 아성이었는데, 이들은 관직을 돈으로 샀고 그 직위를 세습할 수 있었다. 고등법원은 절대 왕권을 제약하는 두 가지 권리를 지녔는데, 등기권과 간주권이 바로 그것이었다. 왕의 칙령이 효력을 발휘하려면 우선 고등법원에 등기되어야 했다. 한편 고등법원은 등기를 거부할 때 그 이유를 명시했고, 이 경우에 왕은 법정에 친림하여 칙령 등록을 강요했다. 'parlement'은 원래 프랑스어에서 '말하다'라는 뜻을 가진 'parler'에서 유래했는데, 영국에서는 '의회'를 뜻하는 'parliament'에 해당한다.

현재의 네이션과는 사뭇 다른 의미가 담겨 있었다는 점이다.*

그럼에도 더 중요한 사실은, 근대 초기에 네덜란드와 영국 등의 내전(혁명)을 거치며 네이션이라는 말에 정치적 의미가 부가되기 시작했다는 점이다. 이러한 네이션의 정치화가 정점에 달한 때는 프랑스 혁명기였다. 아감벤은 1789년 8월 26일에 프랑스 국민 의회가 선포한 '인간과 시민의 권리 선언', 즉 '인권 선언'에 주목하면서, 자유롭게 '태어난' 인간(제1조)이 자연적이고 소멸할 수 없는 '권리'(제2조)를 지니며 본질적인 주권의 소유자로서 '나시옹'(제3조)이라고 적시된 선언문 조항이야말로 단순히 출생으로 주권을 보장받는 원리를 잘 보여준다고 지적한다. 요컨대 자연적 인간(원래의 나티오)이 정치적 시민(혁명적 나시옹)으로 진화한 것이다.

---

* Guido Zernatto, "Nation : the history of a word", John Hutchinson · Anthony D. Smith (eds.), *Nationalism : Critical Concepts in Political Science*, vol. I(London · New York : Routledge, 2000), 13~25쪽.

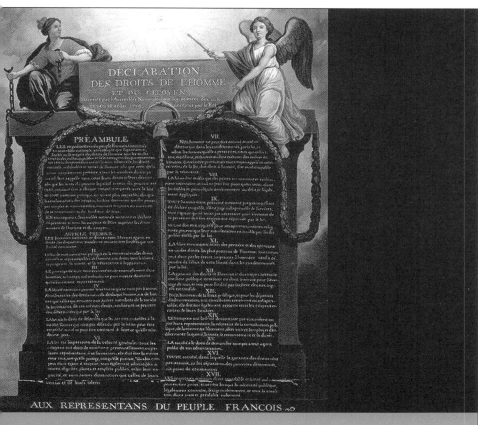

인간과 시민의 권리 선언(1789)

자유, 평등, 우애라는 프랑스 혁명의 대원칙이 표명된 '인간과 시민의 권리 선언'의 최초 세 조항은 다음과 같다. 제1조 사람들은 자유롭게 그리고 권리에서 평등하게 태어나며 또 그렇게 존속한다. 사회적 차별은 오직 공동의 유용성에 입각할 때에만 가능하다. 제2조 모든 정치적 결사의 목적은 인간의 자연적이고 소멸할 수 없는 권리들을 보존하는 데 있다. 이 권리들은 자유, 소유권, 안전, 그리고 압제에 대한 저항이다. 제3조 모든 주권의 원리는 본질적으로 국민에게 있다. 명백하게 국민으로부터 유래하지 않은 권위는 어떠한 단체나 개인도 행사할 수 없다.

2

민족의 정의

"민족"과 민족

나티오에서 네이션까지 의미 변용의 풍상을 겪은 민족을 한마디로 정의할 수 있을까? 통상 우리가 이러저러하게 정의하는 민족은 근대 이후에 확립된 개념, 즉 '근대 민족'이다. 그러나 근대 민족이라는 말은 '동그란 원'처럼 일종의 동어 반복이다. 원이 본래 동그랗듯이, 민족은 본질적으로 근대적 현상이기 때문이다. 다시 말해, 인권 선언에서 말하는 나시옹과 키케로가 말하는 나티오는 의미가 완전히 다르다. 키케로의 나티오는 외국인이지, 주권적 국민은 아닌 것이다. 그렇다면 나티오는 민족이 아니며, 나티오와 나시옹은 완전히 다른 말이다.

그로스비

그러나 의미론상의 차이에도 불구하고 나티오와 나시옹의 언어 형태학상의 유사성을 무시할 수는 없다. 민족주의와 종교의 역사를 연구한 역사가 그로스비Steven Grosby는 《민족주의Nationalism :

A Very Short Introduction》(2005)에서 '민족nation'이라는 용어를 과거와 현재에 계속 사용한다는 사실이 '민족'으로 지칭되는, 영토에 기초한 비교적 단일한 문화가 상당 시기 동안 지속되고 있음을 강력하게 암시한다고 보았다. 이렇게 보면, 나시옹은 나티오에서 나온 말이요, 사실상 양자는 똑같은 말인 것이다. 그러므로 나티오와 나시옹은 모두 민족이다. 다만, 나티오는 문헌상에 나타나는 당대의 표현으로 기술적 용어로서의 "민족"이요, 나시옹은 근대적 의미 규정이 확립된 분석적 용어로서의 **민족**이라는 차이가 있는 것이다. 여기서 우리가 정의하려고 하는 민족이란 "민족"과 **민족**을 아우르는 양자의 평균값이다.

재차 확인하건대, 키케로의 "민족"은 외국인이다. 그렇다면 민족은 무엇인가? 오늘날 민족은 주변인도 아니고 엘리트도 아닌 주권적 대중이다. 그러나 이 '대중 민족'은 사실상 이상형에 불과하다. 역사상으로 볼 때, 대중의 중요한 일부인 노동자와 여성, 소수 종족 등은 오랫동안 민족의 정치적 권리에서 배제되어 왔다. 만일 우리가 민족을 완전한 정치 참여와 민주주의의 견지에서 대중 민족으로 이해한다면, 19세기의 영국과 프랑스도 아직 민족이 아닐 것이다. 1832년만 하더라도 영국은 전체 인구의 3.2%만이, 프랑스는 1.5%만이 투표권을 갖고 있었으니 말이다. 또한 형식적 평등권이 인정된 후에도 의연히 실질적 차별이 이루어져왔다. 그러니 '대중 민족'이라는 말은 '네모난 원'처럼 일

> "민족이란 혈연 공동체, 특히 구획되고 영토적으로 확장되며 시간적으로 깊이 있는 원주민 공동체이다."
>
> — 그로스비

종의 형용 모순이라고 할 수 있다. 원이 본래 네모가 아니듯이, 민족도 원래 민주주의 시대의 대중이 아닌 것이다.

그렇다면 민족의 정의를 "민족"에 적용해놓고서 대중 민족은 근대 이전에는 없었다고 말해서는 안 될 것이다. 기실, 그러한 민족은 근대 이후에도 오랫동안 없었다. 역사 속에서 '대중 민족'을 찾는 사람에게 민족은 곧 '근대 민족'이다. 이렇게 되면, 대중적이지 않고 근대적이지 않은 민족은 선험적으로 배제되고 만다. 그러므로 '근대 민족'이 부분 집합으로 포함되는 민족의 전체 집합을 머릿속에 그릴 수 있어야 한다. 여하튼 출발점은 역사적인 "민족"이다.

"민족"이든 민족이든 민족을 정의할 때 중요한 단서는 민족이 출생과 밀접하게 관련이 있다는 사실이다. 민족은 기본적으로 공통의 조상과 영토에 기초한다고 여겨지는 사회 집단이다. 가족의 특징이 유전되듯이, 민족의 특징도 유전된다. 단, 민족의 경우에 유전은 생물학적일 뿐만 아니라 문화적이기도 하다. 어쨌든 '피와 흙'은 늘 민족을 따라다니는 본질적 요소이다. 그런 만큼 민족은 시간적으로 깊이 있고 공간적으로 경계 지어진 전통을 수반한다. 그러나 민족은 시간이 흐름에 따라 일신되고 공간적으로 확장되며 변화 · 발전하기도 한다. 그런 가운데 민족의 전통도 수정되고 변용되는 것이다. 이상의 맥락에서 민족은 일단 영토적인 혈연 공동체의 일종이라고 말할 수 있다. 즉 그로스

> "민족이란 언어, 영토, 경제생활 및 문화 공동체 안에 구현된 심리 구조 등을 지닌 역사적으로 진화한 안정된 공동체이다."
>
> — 스탈린

비의 간명한 정의에서 출발하자면, 민족이란 "혈연 공동체, 특히 구획되고 영토적으로 확장되며 시간적으로 깊이 있는 원주민 공동체"인 것이다.

민족의 객관적 정의와 주관적 정의

그로스비는 확실히 민족을 객관적으로 존재하는 사회적 관계로 간주한다. 이때 혈연과 영토 등이 민족적 유대 관계의 존립을 좌우하는 객관적 요소들이다. 그 외에 언어와 종교 등도 민족 집단의 형성을 뒷받침하는 중요한 객관적 요소들이라고 할 수 있다. 이렇게 객관적 지표들을 통해 민족을 정의하는 방식을 민족에 대한 객관적 정의라고 한다. 이러한 정의의 대표자로 스탈린을 들 수 있는데, 그에 따르면 민족이란 "언어, 영토, 경제생활 및 문화 공동체 안에 구현된 심리 구조 등을 지닌 역사적으로 진화한 안정된 공동체"이다.* 민족에 대한 객관적 정의는 대체로 문화적 요소들을 강조한다는 점에서 민족에 대한 문화적 정의라고 말할 수도 있다.

스탈린

　그런데 민족은 역사적으로 진화하고 공간적으로 팽창한다. 그

---

* John Hutchinson · Anthony D. Smith (eds.), "Introduction", *Nationalism*(Oxford : Oxford University Press, 1994), 20쪽에서 재인용.

런 만큼 민족은 최소한 가족보다는 크고 복잡한 집단이다. 즉 민족은 대면對面의 경험적 관계를 초월하는 집단인 것이다. 일찍이 아리스토텔레스는 유의미한 정치 집단은 열 명보다는 많고 만 명보다는 적은 수의 주민으로 구성되어야 한다고 말했다는데, 이 기준에서 보자면 민족은 단연코 통치 불가능한 집단이다. 민족의 개개 구성원은 민족의 다른 구성원을 보지도 만나지도 못하면서 같은 민족이라고 상상하는 것이다.

이런 점에서 앤더슨Benedict Anderson(1936~)의 유명한 표현을 빌리자면, 민족은 "상상의 공동체imagined community"이다. 그에 따르면, 16세기에 인쇄 자본주의가 발전하면서 같은 종류의 신문과 잡지, 소설을 보던 주민들이 스스로를 하나의 민족으로 상상하기 시작했다. 이렇게 보면, 민족은 비슷한 견해를 공유하는 공동체처럼 보인다. 그러나 민족 공동체의 상상 과정에서 이성적 추론의 요소보다는 정서적 공감의 요소가 상대적으로 더 중요할 수도 있다. 스미스Anthony D. Smith(1933~)도《민족의 문화적 기초—위계, 성약, 공화국The Cultural Foundations of Nations : Hierarchy, Covenant, and Republic》(2008)에서 말하고 있듯이, 민족은 제도적 구성물이나 실체, 본질 따위가 아니라 민족 성원에 의해 "상상되고 의지되며 느껴지는 공동체", 즉 세대에서 세대로 이어지는 공동 운명체라는 감각과 종족성의 각종 신화와 상징을 공유하면서 형성된 문화적 친근함에 의해 규정되는 "느낌의 공동체felt community"인 것이다.

앤더슨

이로부터 민족은 객관적 요소들에 의해서뿐만 아니라 주관적 요소들에 의해서도 규정되는 것임을 알 수 있다. 일찍이 19세기에 르낭Ernest Renan(1823~1892)은 《민족이란 무엇인가》에서 민족을 두고 "매일매일의 인민 투표"라고 정의해 민족이란 한번 구성됨으로써 영구히 안정화되는 것이 아니라 그 구성원들에게 끊임없이 선택되고 확인받아야 하는 유동적인 생성체임을 지적한 바 있다. 사실, 가령 미국인이라는 존재도 따지고 보면 아무런 객관적 공통성이 없다. 혈통이 제각각임은 물론이요, 영어를 잘 못 쓰고 안 쓰는 미국인들도 많다. 결국 미국인은 미국인이 되려는 주관적 의지의 산물인 것이다. 이렇게 민족 구성원의 적극적인 소속감과 소속 의지를 민족의 가장 중요한 지표로 설정하는 것을 민족에 대한 주관적 정의라고 한다. 그리고 민족을 선택하고 민족에 소속되려는 욕구와 결단에는 본질적으로 정치적 차원의 문제가 내포되어 있는 만큼, 민족에 대한 주관적 정의는 곧 민족에 대한 정치적 정의라고 말할 수도 있다.

　그러나 민족을 '상상의 공동체'로 보는 시각은 무엇보다 그러한 상상의 주체를 전제로 한다. 또한 민족이 '느낌의 공동체'라면 먼저 스스로를 특정 민족에 속한다고 느끼는 주민이 있어야 한다. 그리고 이 주민은 서로 간에 강한 친밀감과 동질감을 느낄 터인데, 이는 그들 사이에 공유되는 생물학적·문화적 공통성에 바탕을 둔 것일 수밖에 없다. 그렇다면 민족의 객관적 요소는 명

민족이 시간적으로 깊고 공간적으로 일정하다는 상상이 실제 역사를 과장하거나 왜곡한다. 그리하여 신화적 상상에 불과한 것을 실제로 일어난 사건으로 믿거나, 거꾸로 실제 역사를 신화적으로 꾸미는 방식으로 역사와 신화가 서로 침범하면서 민족 형성 과정이 전개된다.

백히 민족의 주관적 의지에 선행하는 것이라고 할 수 있다. 이러한 맥락에서는 민족은 민족을 상상하는 마음과는 무관하게 객관적으로 존재하는 실체인 것이다.

그렇기는 해도 민족에 대한 객관적 정의가 완전히 만족스러운 것은 아니다. 왜냐하면, 민족을 규정하는 객관적 기준들에 부합하는 인간 집단 중 소수만이 민족으로 분류될 수 있고, 거꾸로 민족으로 분류되는 집단은 그와 같은 기준들에 잘 들어맞지 않기 때문이다. 가령 민족의 객관적 지표들 중 하나인 언어를 예로 들어보자. 지구상에 존재하는 언어의 수는 무려 8,000개가 넘지만 언어적 정체성이 명확한 형태의 민족이나 민족 국가로 진화한 언어는 200여 개뿐이다. 거꾸로 스위스는 공식적으로 하나의 민족으로 간주되지만 3개 이상의 언어가 통용된다. 그 밖에 혈통과 영토, 종교 등의 객관적 지표들도 하나같이 모호한 것투성이다.

이로부터 민족에 대한 주관적 정의가 필요해진다. 물론 주관적 정의도 그 자체만으로는 만족스럽지 않지만 객관적 정의를 보완해주는 만큼은 유의미하다. 특히 주관적 정의에서 주목해야 할 점은, 민족이 주관적으로 상상되는 과정에서 종종 신화적 요인들이 개입한다는 것이다. 민족이 시간적으로 깊고 공간적으로 일정하다는 상상이 경험적 자료에 근거하지 않은 채로 실제 역사를 과장하거나 왜곡하는 것이다. 그리하여 신화적 상상에 불과한 것을 실제로 일어난 사건으로 믿거나, 거꾸로 실제 역사를 신화적으로 꾸미는 방식으로 역사와 신화가 서로 침범하면서 민족 형성 과정이 전개된다. 이러한 민족 형성의 상징주의적 과정은 필경 민족에 대한 주관적 정의에 충분히 반영될 필요가 있다.

이러한 문제의식에서 보면, 다시금 스미스의 정의가 유용해 보인다. 그가 《민족의 문화적 기초―위계, 성약, 공화국》에서 쓴 바에 따르면, 민족이란 "그 구성원들이 공유하는 신화와 기억과 상징과 가치와 전통을 배양하고, 역사적 고향에 거주함은 물론이요 고향과 자신을 동일시하며, 특징적인 공적 문화를 창출·확산하고, 공유하는 관습과 공통의 법을 준수하는, 타인에 의해 민족이라 명명되고 스스로 그렇게 규정하는 인간 공동체"이다. 이는 민족 형성에서의 신화와 상징의 요인을 최대한 강조한 문화적 정의이며, 따라서 이 경우에 민족은 기호학적으로, 인류학적으로 해독되어야 할 어떤 것이라고 할 수 있다. 그리고 이러한 민족의 문화적 상징주의는 곧 민족 국가의 정치적 상징주의로 진화하게 된다.

만들어진 전통

한때 유행어가 되다시피 했던 '전통의 발명'이라는 말은 수많은 민족 전통이 따지고 보면 최근에, 그것도 19세기 후반 이후에 만

프랑스의 국가國歌이다. 프랑스 혁명기에 혁명전쟁이
벌어지고 대규모 모병령과 국민 총동원령이 내려지는
가운데 만들어졌다. 마르세유의 의용병들이 파리로
행진하는 도중에 인솔 장교가 만들었다고 하여 '마르
세유 의용병들의 노래', 곧 '라 마르세예즈'라고 불리
게 되었다. 가사는 '우리'와 '그들'을 적대적인 관계

로 표현해 동지와 적의 선명한 구별을 드러낸다. 이는
프랑스 혁명기의 혁명전쟁이라는 절박한 상황에서 나
타난 민족주의의 호전적 발현의 사례로 간주될 수도
있다.

들어진 것이라는 의미를 담고 있다. 다시 말해, 민족 국가에 대
한 국민의 충성심을 고양하려는 정치적 상징주의가 민족 전통으
로 표현되었다는 말이다. 이는 전통이라는 것이 유구한 뿌리를
지닌 어떤 것이라는 통념을 뒤흔든다.

실상, 전통이란 무엇인가? 홉스봄Eric Hobsbawm(1917~)에 따르면,
전통이란 과거에 준거하여 반복되고 고착되며 종종 공식화되는
관행을 말하는 것으로서, 관습custom과 인습convention 혹은 관례
routine와 다른 점은 그 불변성에 있다. 관습이란 오랫동안 지켜져
내려와 일반적으로 권장되고 습관화된 타성적 행위를 말한다.
영국 역사가 톰슨Edward P. Thompson에 따르면, 원래 관습은 인간의
'제2의 본성'으로 간주되어 통상 문화나 보통법common law과 동의
어로 쓰인다. 그런데 관습에는 단순히 옛것을 지키려는 보수적
측면과 관습을 내세워 기득권 세력에 저항하면서 의식적이든 무
의식적이든 변화를 꾀하는 반란적 측면이 동시에 존재한다. 그
러므로 관습이 기본적으로 변화와 갈등의 장이라면, 전통은 영
구불변한 어떤 것이다. 한편, 인습이나 관례는 편의와 효율에 의
해 반복되어 공식적인 의전 양식이 된 행위를 말한다. 좀 더 편
하고 효율적인 것이 있다면 인습이나 관례는 바뀌게 마련이다.
그 반면에 전통은 아무리 불편하고 시대착오적인 것이 되더라도
결코 바뀌지 않는다. 그런 점에서 인습이나 관례는 기술적인 것
이고, 전통은 이데올로기적인 것이라고 말할 수 있다.

결론적으로 말해, 전통의 특징이 불변성에 있다는 사실 자체가 전통이 인위적으로 만들어졌음을 강력하게 시사한다. 세상에 변하지 않는 것이 하나라도 있는가? 그럼에도 절대로 변하지 않는다는 것은 자연스럽지 않다. 누군가가 의도적으로 전통을 강조하여 보존하려고 하기 때문에 변하지 않는 것이다. 전통은 근대 시대에 역행하는 것 같지만 실상 근대성의 산물이다. 우리가 전통 시대에 산다면, 구태여 전통을 강조하고 보존하려고 매달릴 이유는 없을 것이다. 우리가 그토록 전통을 강조하고 보존하려 하는 것은, 우리가 사는 시대가 전통 시대가 아닌, 모든 것이 변화하는 근대이기 때문이다. 형용 모순처럼 들리지만, 전통은 근대적인 것이다.

특히 19세기 후반 이후에 유럽 각국에서 앞다투어 민족의 전통들이 발명된 것은 필경 상상의 공동체, 나아가 느낌의 공동체를 강화하려는 민족 국가들의 정치적 의도에서 비롯되었다. 그리하여 유럽 각국에서 각종 국기國旗와 국가國歌, 기념물과 의상, 신화와 영웅 등이 탄생했다. 프랑스에서는 라 마르세예즈La Marseillaise와 마리안Marianne과 수탉과 잔 다르크 등이, 독일에서는 게르마니아와 아르미니우스Arminius(헤르만 Hermann)와 비스마르크 등이 민족 통합의 구심점으로 떠올랐다.

이러한 전통 숭배가 대대적으로 이루어지게 된 데는 필경 주권적 민족의 등장이라는 역사적 조건이 작용했다. 프랑스 혁명

프랑스를 상징하는 마리안과 또 다른 국가 상징물 수탉을 함께 그린 유화

19세기 후반 이후에 유럽 각국에서 앞다투어 민족의 전통들이 발명된 것은 상상의 공동체, 나아가 느낌의 공동체를 강화하려는 민족 국가들의 정치적 의도에서 비롯되었다. 그리하여 유럽 각국에서 각종 국기國旗와 국가國歌, 기념물과 의상, 신화와 영웅 등이 탄생했다. 프랑스에서는 라 마르세예즈와 마리안과 수탉과 잔 다르크 등이, 독일에서는 게르마니아와 아르미니우스(헤르만)와 비스마르크 등이 민족 통합의 구심점으로 떠올랐다.

아르미니우스(헤르만)

게르만족의 한 부족인 케루스키의 족장이다. 서기 9년 토이토부르크 숲에서 로마 제국의 3개 군단을 매복 습격하여 궤멸시킨 게르만족의 영웅이다. 아르미니우스는 훗날 민족주의의 시대에 독일 민족을 상징하는 아이콘으로 떠올랐다. 그리하여 독일 전역에서 헤르만 동상 건설이 유행하기도 했다. 일부 민족주의 역사가들은 토이토부르크 전투를 진정한 독일 민족사의 시작으로 설정하기도 한다.

을 전후한 시기에 민중이 일반 의지를 지닌 주권적 실체로 등장하고, 민중이 더 이상 신이나 왕을 숭배하지 않고 스스로를 숭배하게 되면서 민족이 일종의 세속 종교로 등장한 것이다. 그런데 민족은 종래의 왕에 비하면 지극히 추상적이고 세속적인 존재이다. 그러므로 새로운 주권자인 민족을 종교적으로 대상화하고 숭배하기 위해서는 당연히 신화적·상징적 전통들이 필요하게 되었다. 이렇듯 전통 숭배는 보이지 않는 것을 보이게 하고 느끼지 못하는 것을 느끼게 하는 일종의 정치 제의라고 할 수 있다.

독일의 상징인 게르마니아. 여전사의 모습으로 형상화되었다. 원래 게르마니아란 로마인들에게는 게르만족이 사는 지역, 즉 로마 제국 북부의 변경 지대를 가리키는 말이었다

　이런 맥락에서 민족은 근대 세계에서 일종의 종교적 숭배 대상이며, 무수한 전통을 수반한다. 그러므로 권력이 제의를 만드는 측면만큼이나 제의가 권력을 만드는 측면에 주목할 필요가 있다. 이를 전통이 수행하는 문화적 구성주의라고도 말할 수 있는데, 이는 역사 속에서 늘 확인되는 바이다. 가령 제2차 세계 대전 당시 열여섯 살의 나이로 대독일 사단에 자원입대해 러시아 전선에서 싸웠던 독일 병사 기 사예르(그는 프랑스계 아버지와 독일계 어머니 사이에서 태어나 절반은 프랑스인의 피가 흐르는 독일인이었다)는 《잊혀진 병사—어느 독일 병사의 2차 대전 회고록》이라는 전쟁 회고록에서, 고된 훈련을 마친 후 제복을 차려입고 총통과 조국에 대한 충성을 다짐하는 엄숙한 기념식에 참석하면서

왕년의 "예루살렘에 있던 기독교 전사들"처럼 "진정한 독일인, 총을 잡을 수 있는 진정한 전사"로서의 북받치는 감정적 고양을 경험다고 고백한다.

거듭 강조하거니와, 수많은 민족 전통은 특정한 정치적 목적에 따라 창조된 것이다. 그러나 반드시 기억해두어야 할 것은 민족 전통이 창조되었다고 해서 허구적인 것은 아니라는 사실이다. 이미 지적했듯이, 민족의 각 구성원들은 다른 구성원들을 만나지 않은 상태에서도 서로 같은 민족에 속한다고 상상한다. 전통은 바로 그러한 상상을 특정한 방식으로 가시화·현실화해준다. 앞의 독일 병사의 사례에서도 나타나듯이, 나치 독일이 인위

군대를 사열하는 히틀러

적으로 꾸며낸 정치 제의와 이를 물질화한 군복 등 각종 전통은 실제로 특정한 민족 감정을 만들어내는 것이다. 그러므로 중요한 것은 민족 전통의 역사적 사실성(혹은 허구성)을 밝히는 일이라기보다는 그러한 전통의 효과를 규명하는 일이다. 전통은 비록 많은 경우에 창조된 것이기는 하지만, 그렇다고 해서 아무 때나 입고 벗을 수 있는 외투 따위는 아니다. 오히려 전통은 그 역사적 사실성 여부와는 무관하게 특정한 역사적 기억(혹은 망각)을 효과적으로 구성(조장)함으로써 그 기억을 일종의 '체질habitus'로 주입한다. 그러니 만들어진 전통들은 허구적인 것이 아니다. 그것은 의당 실재하는 것으로서, 중요한 역사적 변수이자 세력으로 엄연히 작동한다.

3

민족 형성의 요인

자본주의와 국가

민족 형성 과정에는 실로 다양한 역사적 요인들이 개입되어 있었다. 우선 많은 논자들은 근대적 발전에서 파생한 다양한 요인들이 유럽에서 민족 형성 과정을 촉진했다고 본다. 마르크스주의자들은 자본주의의 발전과 그에 따른 국내 시장의 형성에 주목하여 민족 국가의 등장을 설명하고자 했다. 그러나 이러한 설명은 지나치게 경제 결정론적이며, 민족과 민족주의가 보여주는 풍성한 문화적 차원을 누락시킨다는 비판을 받았다. 그리하여 마르크스주의를 고수하면서도 그에 고유한 경제 결정론을 피하고 싶은 사람들은 카우츠키Karl Kautsky나 바우어Otto Bauer처럼 언어 공동체나 운명 공동체로서의 민족이라는 문화적 개념을 추가하거나 앤더슨처럼 자본주의와 문화의 상관관계에 주목하여 인쇄 자본주의와 출판 시장의 발전이라는 역사적 맥락을 강조하기도 했다.

 그런데 지금까지 민족 형성에서의 자본주의 요인을 거론하는 경우에 너무 시장의 차원에만 초점이 맞춰진 경향이 있다. 그와는 다른 차원, 그러니까 사회적 차원에서도 민족 형성과 자본주의의 관계에 주목할 필요가 있다. 잘 알려졌듯이, 자본주의의 발전은 통상 전통적인 공동체들의 해체와 경제적 개인주의의 진전을 수반한다. 일찍이 독일 철학자 헤겔이 간파한 대로, 시민 사회란 자본주의 체제 아래에서 철저히 원자화된 개인이 경제 행위를 독립적으로 꾸려나가는 장, 그런 가운데 사적 이해관계들이 경합하고 쟁투를 벌이는 장을 말한다. 국가는 바로 이러한 갈등과 대립을 조절하고 중재하는 기관으로 등장한다. 이러한 맥락에서 민족은 원자화된 개인들로 이루어진 시민 사회의 통합을 유지하는 일종의 외연적인 틀로서 기능한다. 다시 말해서, 시민 사회의 '개인화' 경향은 개인들이 '민족'으로 호명됨으로써 다시 '총체화'되는 것이다. 이렇게 보면, 자본주의의 해체적·원심적 경향은 내재적으로 민족주의의 통합적·구심적 역할을 꼭 필요로 한다고 말할 수 있다.

 한편, 경제적 차원보다 정치적 차원을 중시하는 논자들은 중세 이래 유럽에서 만연한 전쟁을 민족 형성의 주요한 요인으로 간주한다. 유럽 각국은 전쟁을 승리로 이끌기 위해 다양한 방식으로 민중을 동원했고, 그런 과정에서 민족적 결속력이 나타나

헨리 2세

기 시작했다는 말이다. 일례로 1181년에 잉글랜드 왕 헨리 2세
는 일종의 국민군을 창설하기 위한 시도로서 무장 조례Assize of
Arms를 발포하여 말과 갑옷을 갖춘 부유한 자들뿐만 아니라 그저
활과 화살로만 무장한 가난한 자들까지도 군대에 포함시키려고
했다. 군대에 가난한 농민을 포함시키려는 이러한 시도는 잉글
랜드 민족 형성의 역사에서 의미심장한 결과를 낳았다. 백년 전
쟁에서 잉글랜드의 자영농yeoman이 큰 활약을 한 것도 그런 맥락
에서였다. 그런가 하면 14세기에 폴란드 왕 부아디수아프 1세와
그의 아들 카시미르는 역사적으로 폴란드의 영토라고 간주된 곳
을 수복하기 위해 튜턴 기사단과 체코인들에 맞서 전쟁을 일으
켰는데, 이 과정에서 많은 농민들을 동원함으로써 전쟁을 성공
리에 끝마칠 수 있었다.

　이러한 사실로부터 전쟁과 결부된 또 다른 민족 형성 요인이
작동했음을 추론할 수 있다. 왕국의 존재가 바로 그것이다. 비록
중세적인 형태이기는 하지만 기성의 왕국은 민족 형성의 얼개가
되었다. 특히 왕이 일정한 영토의 지배자로서 역내에 이른바 '왕
의 평화'를 선포하면서 생명과 재산 등에 대한 개인 권리와 공공
질서의 보호자로 자처하고, 이에 따라 다양한 법률과 법정 등 원
형적인 형태의 국가 제도들을 갖추어나가는 과정은 민족 형성에
서 매우 중요한 국면이었다. 그런 점에서 그로스비가 지적했듯
이, 잉글랜드에서 중앙에 영속적인 법정이 마련되고 순회 재판

헨리 8세의 수장법

1534년 말에 제정된 법이다. 헨리 8세는 이 법을 통해
잉글랜드 왕이 잉글랜드 교회의 수장임을 선언함으로
써 잉글랜드 교회를 로마 가톨릭 교회로부터 분리시
켰다.

이 확립된 12세기 헨리 2세의 시대는 중세의 민족 형성 과정을
인상적으로 보여주는 사례라고 할 것이다. 그러나 나중에 다시
언급하겠지만, 민족 형성에서의 국가의 역할은 아무래도 중세
시기보다는 근대 초기 이후에 한층 더 도드라지게 된다.

국가가 형성되는 과정에서는 제도도 중요하지만, 국가에 대한
신민들의 인식과 태도, 가치가 더 중요하다고 할 수 있다. 국가
가 만들어지는 과정은 다양한 제도가 완비되어가는 과정일 뿐만
아니라 국가가 사람들의 마음속에 확고한 권위체로 받아들여짐
으로써 국가에 순응하는 국민이 만들어지는 과정이다. 이는 중
대한 문화적 · 심리적 변화를 수반한다는 점에서 일종의 문화 혁
명이라고도 말할 수 있다. 잉글랜드의 경우에 이러한 '국가 구성
=문화 혁명'의 과정은 최소한 16세기 튜더 왕조 시대에 시작된
것으로 보인다. 헨리 8세의 수장법Act of Supremacy을 통해 위로부터
의 종교 개혁이 단행된 이후 '프로테스탄트 민족'이라는 정체성
이 수립되었고, 나아가 엘리자베스 1세 시대에는 프로테스탄트
적인 검약과 노동의 가치에 따라 '게으름'에 대한 가차 없는 투
쟁이 전개된 것이다. 이와 동시에 국가를 표상하는 여왕의 초상
화와 문장紋章이 일반 가정에 널리 보급되는 등 국가의 규제적 역
할이 체계적으로 팽창하면서 신민들의 몸과 마음을 통제하려는
국가의 노력이 유례없이 집중되었다.

엘리자베스 1세의 초상화. 그녀의 초상화에는 담비(왼쪽)와 체(오른쪽)를 비롯한 많은 상징물이 등장해 여왕의 이미지를 형성했다

국가가 만들어지는 과정은 다양한 제도가 완비되어가는 과정일 뿐만 아니라 국가가 사람들의 마음속에 확고한 권위체로 받아들여짐으로써 국가에 순응하는 국민이 만들어지는 과정이다. 잉글랜드의 엘리자베스 1세 시대에는 국가를 표상하는 여왕의 초상화와 문장紋章이 일반 가정에 널리 보급되는 등 국가의 규제적 역할이 체계적으로 팽창하면서 신민들의 몸과 마음을 통제하려는 국가의 노력이 유례없이 집중되었다.

엘리자베스 1세의 초상화

엘리자베스 1세만큼 자신의 이미지를 주의 깊게 형성하고 이를 유포시키는 데 공을 들인 군주는 달리 없다. 그녀의 초상화에는 수많은 소품들이 등장한다. 가령 담비는 처녀왕의 순결성을 상징하고, 체는 왕의 예리한 판단력을 상징한다. 때로 여왕은 날씨까지 좌우하는 여신의 이미지로 등장하기도 한다. 가가호호 걸린 엘리자베스 1세의 초상화는 국가 통합에 기여하는 수단이었으며, 국가 구성의 과정이 국민의 인식과 태도, 가치를 바꾸는 문화 혁명의 과정이기도 함을 잘 보여주는 하나의 사례이다.

언어와 종교

민족이 근대 이전의 시대에 기원을 둔다고 믿는 사람들은 자본주의나 국가와 같은 요인들보다는 좀 더 영속적으로 보이는 다른 요인들을 강조한다. 이때 빠지지 않고 등장하는 민족 형성의 요인이 바로 언어와 종교이다. 통상 민족 형성에서 언어 요인을 거론할 때 중요한 것은 구어가 아니라 문어이다. 문어가 유럽 각국에서 민족 형성의 주요한 요인이었다고 보는 것인데, 문어가 널리 보급되기 시작한 것은 중세 말 이후였다. 그러나 구어의 중요성을 무시할 수 있을까? 라틴어가 보편적 문어로 확립되어 있던 10세기에도 한 롬바르디아의 주교는 비잔티움인들이 남부 이탈리아에 대한 권리를 주장한 것에 분개하여 이렇게 말했다. "이 지방이 이탈리아 왕국에 속한다는 것은 그곳 주민들의 언어가 증명해준다." 그런가 하면 920년에 프랑스의 '단순왕' 샤를(샤를 3세)의 수행원들과 독일 왕 하인리히 1세의 수행원들이 서로 상대방의 말——오늘날로 치자면 사투리가 될——이 우습게 들린다고 비웃다가 유혈 난투극을 벌인 일도 기억해둘 만하다.

종교도 민족 형성의 주요한 요인으로 다루어져야 한다. 가령 유럽에서 폴란드 민족을 규정하는 결정적 요인은 명백히 로마 가톨릭이다. 특히 근대 초기 이래로 폴란드는 서쪽으로는 독일의 루터주의와 구분되고 동쪽으로는 러시아의 그리스 정교와 구

첸스토호바에 있는 검은 성모. 성모 마리아의 성화상으로 폴란드의 국가 상징물이다

분되는 독자적인 로마 가톨릭 정체성을 발전시켰다. 독일인도 아니고 러시아인도 아닌 폴란드인이 된다는 것은 곧 로마 가톨릭교도가 되는 것을 의미했던 것이다. 비록 내부에 프로테스탄트와 유대인 등 소수 종파들이 존재하기는 했지만 말이다. 그리하여 대략 17세기부터 마리아가 폴란드의 영토적 통합의 상징이 되었고, 1717년에는 폴란드 왕 카시미르에 의해 마리아가 폴란드 여왕으로 선포되기까지 했다. 민족의 원형이 이미 고대에서도 쉽게 발견된다고 믿는 그로스비와 같은 연구자는 로마 가톨릭이나 불교, 혹은 태양신을 모시는 유일신 종교가 각각 폴란드와 스리랑카, 일본 등지에서 확인되는 것처럼 근대 이전의 민족 형성 과정에서 종교가 중요한 역할을 했다고 장담한다.

멀리 고대까지 갈 것도 없이 근대에 종교는 민족 형성 과정에서 중요한 기능을 담당했다. 그래서 일찍이 역사가 네이미어Sir Lewis Namier는 "16세기에 종교는 민족주의의 대체물"이라는 유명한 말을 남기기도 했다. 그러나 종교는 언어와 마찬가지로 민족을 구분하는 확실한 징표는 되지 못한다. 여러 언어를 사용하는 주민들이 하나의 민족으로 묶이듯이, 하나의 종교를 공히 믿는 주민들이 여러 민족으로 갈라지니 말이다. 가령 종교를 민족 형성의 주요한 요인으로 설정하면, 1660년에 영국이 같은 프로테스탄트 국가인 네덜란드와 전쟁을 벌이려고 한 일을 설명할 수 언어와 종교는 그 자체로 민족 형성의 충분조건이 될 수는 없지만 많은 경우에 필요조건이었으며, 근대 민족으로 전환될 수도 있고 안 될 수도 있는 근대 이전의 원형적 민족 정체성을 형성하는 중요한 질료였다.

없다. 얼핏 생각해보더라도, 각종 유일신 종교는 본질적으로 일반적·보편적이므로 각각의 개별적이고 특수한 민족 정체성의 확고부동한 원천이 될 수 없음을 쉬이 알 수 있다. 그러므로 잉글랜드(혹은 영국)의 민족 정체성의 형성을 설명하는 데는 프로테스탄티즘의 존재를 거론하는 것만으로는 불충분한 것이다.

그렇다고 해서 언어와 종교가 민족 형성에 미친 역할을 무시해도 좋은가? 일찍이 프랑스의 위대한 역사가 블로크Marc Bloch는 언어와 민족을 혼동하는 것은 어리석은 일이지만 언어가 민족의식에 영향을 미쳤음을 무시하는 것도 그에 못지않게 어리석은 일이라고 말한 바 있다. 종교에 대해서도 똑같은 말을 할 수 있다. 종교와 민족을 혼동하는 것은 어리석지만 종교가 민족의식에 영향을 미쳤음을 무시하는 것도 어리석다고 말이다. 확실히, 언어와 종교는 그 자체로 민족 형성의 충분조건이 될 수는 없지만 많은 경우에 필요조건이었으며, 근대 민족으로 전환될 수도 있고 안 될 수도 있는 근대 이전의 원형적 민족 정체성——민족이라는 말을 쓰기가 거북하다면 종족 정체성이라고 해도 좋다——을 형성하는 중요한 질료들이었다. 물론 전근대 시대의 여러 지역에서는 언어와 종교 외에 두발이나 무기, 음식이나 매장 풍습 등도 종족 정체성 형성의 중요한 질료들이었음을 잊어서는 안 되겠지만 말이다.

민족의 객관적 정의와 주관적 정의

민족을 혈통과 언어 등의 객관적 지표로 정의하려는 시도는 언제나 그러한 지표의 경계선과 민족의 경계성이 불일치하는 현실에 직면한다. 따라서 민족을 구성원들의 소속감이나 소속 의지 등의 주관적 지표로 정의하려는 시도가 이어지게 된다. 르낭은 이러한 민족의 주관적 정의를 대표하는 인물이다. 그는 민족을 "매일매일의 인민투표"로 규정함으로써 민족을 그 구성원들에게서 부단히 선택되고 확인되어야 하는 주체적 의지의 산물로 파악했다. 아래에 제시하는 르낭의 첫 번째 인용문에서 그 점이 잘 드러나고 있다. 그러나 르낭의 주장에서 민족의 객관성이 인정되고 있다는 점은 종종 간과된다. 르낭의 두 번째 인용문에서 '과거'로 상징되는 민족의 객관적 지표와 '현재'로 상징되는 민족의 주관적 지표가 모순적으로 공존함을 알아챌 수 있다. 여기서 '과거'는 민족의 문화적 공통성에 기초해 형성된 민족을 암시하고 '현재'는 정치적 의지로 구성된 민족을 시사한다.

결국, 진실은 순수한 종족이란 존재하지 않으며 종족적인 분석에 정치의 근거를 두는 것은 공상에 기초를 두는 것과 마찬가지라는 것입니다. 가장 우수한 나라들이라고 하는 영국, 프랑스, 이탈리아 등이 혈통이 가장 복잡하게 뒤섞여 있는 나라들입니다. 이 점에서 독일은 예외일까요? 독일은 순수한 게르만족의 나라일까요? 착각입니다! 독일의 남쪽 지역 전부가 갈리아족의 치세였고, 엘베 강에서부터 동쪽 지역은 전부 슬라브족의 세력권이었습니다.

하나의 민족은 하나의 영혼이며 정신적인 원리입니다. 둘이면서도 사실 하나인 것이 바로 이 영혼, 즉 정신적인 원리를 구성하고 있습니다. 한쪽은 **과거**에 있는 것이며, 다른 한쪽은 **현재**에 있는 것입니다. 한쪽은 풍요로운 추억을 가진 유산을 공동으로 소유하는 것이며, 다른 한쪽은 현재의 묵시적인 동의, 함께 살려는 욕구, 각자가 받은 유산을 계속해서 발전시키고자 하는 의지입니다. 여러분, 인간은 하루아침에 쉽게 이루어지는 것이 아닙니다. 개인과 마찬가지로 민족 역시 노력과 희생, 그리고 오랜 헌신으로 일구어내는 기나긴 과거의 결실인 것입니다.

—에르네스트 르낭, 《민족이란 무엇인가》, 신행선 옮김(책세상, 2002), 69 · 80쪽에서

2장

민족주의의 개념

민족주의의 기원

근대 기원설

홉스봄

겔너

민족주의가 언제부터 존재했는지의 문제는 민족주의를 둘러싼 그동안의 불꽃 튀는 논쟁에서 핵심 쟁점이었다. 이 논쟁에서 민족주의를 인간의 생득적 의식으로 보는 원초론primordialism을 반박하고 민족주의를 역사적 구성물로 파악하는 시각, 특히 민족주의를 전근대 시기가 아니라 근대 시기에 나타난 역사적 구성물로 보는 근대론modernism이 유력한 시각으로 등장했다. 1983년은 민족주의 연구사에서 '경이로운 해'였다. 공교롭게도 이해에 민족주의의 기원에 대한 근대론의 기념비적인 연구 성과들이 집중적으로 출간되었으니 말이다. 이미 언급한 바 있는 홉스봄 등이 편집한 《만들어진 전통The Invention of Tradition》과 앤더슨의 《상상의 공동체Imagined Communities》, 그리고 겔너Ernest Gellner(1925~1995)의 《민족과 민족주의Nations and Nationalism》가 바로 그것이다.

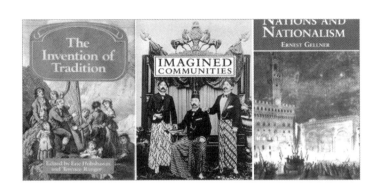

1983년에 출간된 민족주의 연구서들. 왼쪽부터 홉스봄·레인저의 《만들어진 전통》, 앤더슨의 《상상의 공동체》, 겔너의 《민족과 민족주의》

　이 중 특히 겔너의 입론은 근대론의 전형을 보여준다는 점에서 상세히 소개할 가치가 있다. 그에 따르면, 민족주의는 오직 산업 사회의 맥락에서만 나타날 수 있는 원리이다. 산업 사회에서 노동은 직접 사물을 다루는 것이 아니라 버튼을 누르고 레버를 당기는 방식으로 이루어지므로 의미를 다룬다고 할 수 있다. 그러므로 이 경우에 노동자들에겐 공통의 매뉴얼이 필요해진다. 그리고 매뉴얼은 그것이 유통되고 해독되는 범위 안에서 노동의 호환성, 즉 직업적·사회적 유동성을 보장해준다. 이 유동성이야말로 산업 사회가 존립하고 발전하기 위한 필수 조건이다. 그러므로 산업 사회에서는 반드시 문화적 표준화가 일어나게 마련이며, 이전 시대의 고급문화가 민족 문화로 바뀌면서 표준화된 민족 문화의 영역이 곧 민족의 경계가 된다. 이와 동시에 민족의 문화적 경계와 정치적 경계를 일치시키려는 민족주의의 정치 원

그리스 독립 전쟁

1821년에서 1829년 사이에 그리스인들이 오스만 터키에 맞서 전개한 독립 운동을 말한다. 이 전쟁에는 헬레니즘 사상에 고무된 유럽의 많은 지식인들이 참전했는데, 대표적인 예가 1824년에 전사한 영국 시인 바이런이다.

리가 등장한다는 것이 겔너의 생각이다. 이러한 겔너의 논의는 민족주의에서 '피와 흙'의 정서를 떠올리는 상식과 통념에 위배된다. 그럼에도 겔너는 민족주의야말로 산업 사회의 필요에서 나타난 근대적 산물이라는 자신의 주장을 《민족과 민족주의》에서 이렇게 정식화한다. "고급문화가 사회 전체에 침투하고, 사회 전체를 규정하며, 특정한 정치체에 의해 지지될 필요가 나타난다. 그것이 민족주의의 비밀이다."

겔너의 입론이 민족주의를 산업 사회의 기능적 논리로 설명하는 것이라면, 다른 근대론자들은 민족주의를 설명함에 있어 근대 국가의 정치적 논리를 앞세운다. 가령 키트로밀리데스Paschalis M. Kitromilides는 19세기 초반에 산업 사회가 미발달한 상태의 그리스가 민족주의의 발전을 경험했다는 것은 겔너의 논의로 설명되지 않는 사례라고 본다. 그에 따르면, 일련의 민족 해방 투쟁을 거쳐 1830년에 등장한 그리스 독립 국가는 자국의 권력을 공고히 하면서 민족적 정체성을 만들어내는 데 총력을 기울였으며, 이 과정에서 그리스 민족주의가 고양되었다. 그렇다면 그리스는 민족주의가 산업화와는 별개로 진행된 근대 국가의 발전이라는 역사적 맥락에서 등장한 정치 세력임을 잘 보여주는 경우라고 할 수 있다.*

---

* Paschalis M. Kitromilides, "'Imagined Community' and the Origins of the National Question

민족주의를 근대적 상황의 산물로 보는 근대론은 민족주의가 민족의 역사와 전통을 강조하고 '피와 흙'의 정서에 호소함에도 불구하고 실은 최근에야 등장한 역사적으로 새로운 현상임을 설득력 있게 보여준다.

근대 국가와 민족주의의 역사적 상관관계에 대해서는 역사사회학자인 틸리Charles Tilly가 명쾌하게 설명한 바 있다. 그에 따르면, 근대 국가는 국가 제조자, 지방 엘리트, 민중 사이에 벌어진 복잡다단한 갈등과 협상의 과정을 통해 주조되었다. 이 과정에서 일반적으로 국가 제조자는 지방 엘리트의 전횡에 맞서 민중의 보호자를 자처했다. 또한 17~18세기 유럽에 만연했던 전쟁에서 살아남기 위해 국가는 사회의 인적·물적 자원을 추출하는 데 주력했는데, 이 과정에서 국가 제조자는 민중의 협력을 얻는 대가로 그들에게 일정한 권리를 부여하고 그들의 정치적 대표성을 인정하지 않을 수 없었다. 그럼으로써 민중은 국가의 정치 구조와 정치 생활에 점차 편입되기 시작했고, 종내 '민족'의 이념으로서 민족주의가 그러한 정치 통합을 정당화하게 되었다. 이처럼 근대 국가가 완성되어가는 장대한 서사적 역사에서 민족 형성의 과정이란 곧 국가 구성의 과정이나 마찬가지였다.

겔너의 기능적 근대론이든 틸리의 정치적 근대론이든 민족주의를 근대적 상황의 산물로 본다는 점에서는 똑같다. 이러한 근대론은 민족주의가 민족의 유구한 역사와 전통을 강조하고 '피와 흙'의 정서에 호소함에도 불구하고 실은 최근에야 등장한 역

---

in the Balkans", John Hutchinson · Anthony D. Smith (eds.), *Nationalism : Critical Concepts in Political Science*, vol. II(London · New York : Routledge, 2000), 655쪽.

사적으로 새로운 현상임을 설득력 있게 보여준다. 하지만 근대론은 학자마다 편차가 있기는 하지만 대체로 민족주의가 근대에 국가 제조자들이나 민족주의자들에 의해 인위적으로 구성된 실체라고 보는 만큼, 민족주의를 쉬이 해체될 수도 있는 어떤 것, 다시 말해 삶에 밀착되어 있는 현실과는 동떨어진 추상적 이데올로기나 정치 강령쯤으로 치부하는 경향을 드러내곤 한다. 이러한 경향은 종종 민족주의의 지속성과 내구성을 과소평가하는 것으로 이어지기도 하는데, 우리 시대의 대표적 근대론자인 홉스봄이 민족주의의 쇠락을 예언한 책을 출판한 시점에 동유럽에서 격렬한 민족 분규가 분출함으로써 근대론의 체면이 여지없이 구겨지기도 했다. 바로 이 지점에서 민족주의에 대한 근대론과 관련된 비판적 논의가 다양한 각도에서 등장한다.

전근대 기원설

1990년대에 동유럽 지역에서 '종족 청소'라는 살벌한 말이 등장할 정도로 폭력적인 형태의 민족 분규가 동시다발적으로 일어나면서 민족주의 현상에 대한 학계의 관심이 증폭되었다. 이러한 상황에서 등장한 스미스의 입론은 기성 근대론의 한계를 보완하는 유력한 해석으로 자리 잡게 되었다. 오늘날 스미스는 민족주의 연구에서 다작의 작가이자 일급의 연구자로 정평이 나 있다.

그는 《민족주의와 근대주의 Nationalism and Modernism》(1998)라는 책에서 민족주의 자체는 기본적으로 '근대적' 이데올로기임이 분명하지만, 민족 형성의 원인은 근대적인 정치·사회의 조건에만 있는 것이 아니라고 지적한다. 오히려 전근대 시대에 연원을 둔 종족의

종족 청소의 현장. 죽음의 수용소에서 시체들 사이에 서 있는 경비원

문화적 정체성, 그러니까 종족과 결부되어 있는 다양한 상징과 전통과 기억과 신화에 근거를 둔 종족적 주체의 경험적 실천과 의미 부여야말로 민족 형성의 으뜸가는 조건이라는 것이 스미스의 주장이다. 그러므로 스미스 류의 이른바 상징론symbolism에서 중요한 것은 종족이며, 종족은 "물리적인 혈통이 아니라 세대에서 세대로 이어진다는 느낌, 공유된 기억과 집단적 운명, 즉 주민들을 경계 짓는 문화적 단위에 의해 유지되는 신화, 기억, 상징과 가치 속에서 구체화한 문화적 친근함에 의해 구성된다"(《민족주의와 근대주의》).

　일단 이러한 스미스의 견해는 역사적인 견지에서 부정할 수 없는 것으로 생각된다. 완고한 근대론자인 홉스봄도 민족과 민족주의가 아무리 근대적인 산물이라고 해도 무에서 발생한 것은 아니라고 본다. 원형적 민족과 같은 것이 분명히 존재했다는 말

카롤루스 대제

영어로는 찰스 대제Charles the Great, 프랑스어로는 샤를마뉴Charlesmagne, 독일어로는 카를 대제Karl der groß 등으로 표기되기도 한다. 프랑크 왕국의 군주로서 서기 800년 로마 교황으로부터 서로마 제국 황제의 관을 수여받기도 했다. 프랑크 왕국을 대제국으로 건설했으며, 그의 제국 판도는 오늘날 '유럽'의 원

형을 이루었다. 그의 궁정이 있었던 아헨(엑스라샤펠) 에서는 오늘날 유럽 통합에 공헌한 사람들에게 카롤루스 상의 수상식이 개최되기도 한다.

카롤루스 대제

이다. 스미스가 말하는 종족이 바로 그러한 민족의 원형이 아닐까 한다. 그렇다면 종족과 민족의 연속성(혹은 단절)을 진지하게 논의할 필요가 있다.

그러므로 민족주의의 기원을 검토하기 위해 근대 이전 시기, 특히 중세로 거슬러 올라가는 것이 필요해 보인다. 실제로 유럽 각국의 교과서적인 역사 인식에 따르면, 중세 초야말로 민족 형성의 창세기였다. 고대 말 중세 초에 로마 제국의 보편주의가 허물어지고 게르만족이 광범위하게 이동하는 가운데 게르만 왕국들이 흥망하는 역사가 펼쳐졌다. 이 시기에 유럽의 다양한 민족성이 처음 나타난 것으로 보이는데, 이를 민족들의 원시 축적기라 불러도 좋을 것이다. 물론 카롤루스 대제 시대의 프랑크 왕국의 발전과 신성로마제국의 등장은 재차 제국적 보편주의의 등장을 예고했으나, 유럽에서 제국의 정치적 기획은 끝내 실현되지 못했다. 유럽은 의연히 민족들의 유럽으로 존재했던 것이다.

민족주의의 기원에 대한 이른바 중세론medievalism의 대표자인 헤이스팅스Adrian Hastings는 중세 종족과 근대 민족 사이의 연속성을 강조하면서 민족주의가 중세에서 발원했음을 주장한다. 그는 영국의 사례를 들어 14세기 이래 성경이 영어로 번역되는 과정에서 라틴어 보편주의가 허물어지고 민족어가 상용화되는 데 초점을 맞춘다. '민족'이 반복적으로 쓰이고 읽히며 외워지는 과정을 통해 강한 민족 공동체 감정이 고양되었으리라는 것이다. 이

카롤루스 대제 사후 제국이 분할된 후 동프랑크의 오토 1세가 962년에 로마 제국 황제의 관을 받으면서 신성로마제국이 시작되었다. 제국은 1806년까지 약 천 년간 지속되었으나, 그 대부분의 기간 동안 유명무실했다. 신성로마제국이 신성하지도, 로마적이지도, 제국적이지도 않았다는 사실은 유럽사에서 아주 중요한 의미를 갖는다. 유럽에서 제국을 건설하려는 야심찬 정치 기획이 실패했고, 그럼으로써 군소 국가들이 난립하는 국가 간 체제inter-state system가 성립되었음을 뜻하기 때문이다. 바로 이러한 국제 관계의 평면이야말로 머잖아 유럽에서 민족 국가와 민족주의가 배양될 최적의 온상이었다고 생각할 수 있다.

헤이스팅스

경우에 중요한 것은 구어가 아니라 문어이다. 헤이스팅스는 성경의 영역에서 종족과 민족의 문자적 연속성에 주목한다. 즉 성경 요한 계시록의 한 구절 "각 족속과 방언과 백성의 나라every race, language, people and nation"에 나오는 nation은 원래 그리스어에서 종족을 뜻하는 에트노스ethnos의 번역어이며, 이는 곧 라틴어의 나티오natio로 번역되었고, 영역에서는 1350년대에 처음 nacion/nacioun으로 옮겨졌다. 여기서 흥미로운 것은 위 구절의 네 단어 중 오직 nacion/nacioun/nation만이 오늘날까지 600년 이상 변함없이 사용되어왔다는 점이다. 헤이스팅스의 견해에 찬동하든 반대하든 간에 역사가라면 종족과 민족의 연속성을 쉽게 외면하지 못할 것이다. 아닌 게 아니라 그의 말대로 "종족, 민족, 민족주의 사이의 내재적 연관은 부정될 수 없다. 그것은 민족주의 이론에 유일하게 알기 쉬운 출발점을 제공"하니 말이다(《민족성의 구성—종족, 종교, 민족주의The Construction of Nationhood : Ethnicity, Religion and Nationalism》).

최근에는 아예 민족주의의 기원을 중세를 넘어 고대에서 찾으려는 시도가 활발하다. 이러한 경향에 굳이 이름을 붙이자면, 고전론classicism 정도가 되지 않을까 한다. 최근에 스미스도 자신이 근대론을 철저하게 비판하지 못했음을 고백하면서 민족과 민족주의의 뿌리를 고대에서 찾으려 한다는 점을 고려하면, 고전론은 민족주의 연구의 새로운 트렌드가 된 감이 없지 않다. 고전론자들에 따르면, 민족주의를 18세기 후반에 나타난 정치 이데올로기로 정의하는 것은 문제가 있다. 설령 그렇게 정의한다 해도, 이데올로기로서의 민족주의 이전에 존재한 원형적인 민족적 소속감과 정체성을 무시해서는 안 된다는 것이 이들의 생각이다. 이들에 따르면, '우리'가 '그들'과 구분된다는 의식, 나아가 '우리'와 '그들'이 통상 민족으로 불리는 특정한 집단 내지 사회로 분리되어 있다는 의식은 고대 근동 및 그리스 세계에서도 확인될 수 있을 정도로 정말이지 뿌리 깊은 것이다. 그리고 이러한 민족적 소속감과 정체성의 기원이 유구한 것인 만큼 민족주의도 단순히 특정 시점에 나타난 정치 이데올로기가 아니라 인간 존재에 고유한 정서인 것처럼 보이며, 그런 점에서 민족주의의 깊이감과 밀도 역시 대단한 것이다.

이러한 고전론은 앞서의 중세론과 더불어 민족과 민족주의의 역사적 영속성을 강조한다는 점에서 이른바 영속론perennialism의 일종이다. 영속론은 민족과 민족주의의 생물학적 결정론을 거부한다는 점에서 원초론과 다르고, 민족과 민족주의의 역사적 뿌리를 근대 이전으로 설정하여 강조한다는 점에서 근대론과 다르다. 우리가 민족과 민족주의를 역사적 현상으로 다룬다면, 쟁점은 영속론과 근대론의 관계에 있다. 이 쟁점은 다음과 같은 질문으로 정식화될 수 있다. 민족주의는 근대적 현상인가, 아니면 중세적 현상, 심지어 고대적 현상인가? 민족주의는 쇠퇴하여 사라

민족주의는 근대적 현상인가, 아니면 중세적 현상, 심지어 고대적 현상인가? 민족주의는 쇠퇴하여 사라질 운명에 있는가, 아니면 앞으로도 의연히 지속될 현상인가?

질 운명에 있는가, 아니면 앞으로도 의연히 지속될 현상인가? 이러한 쟁점들은 진부해 보이기는 하지만 여전히 민족주의 연구가 답변해야 할 중요한 문제가 아닐 수 없다. 그러나 이러한 논쟁에 직접 뛰어들기 전에 민족주의에 대한 정의의 문제를 확인해볼 필요가 있다. 근대론자와 고전론자가 사용하는 민족주의의 정의가 서로 다른 것으로 보이기 때문이다. 논쟁을 생산적인 것으로 만들기 위해서는 의당 정의를 통일시켜야 한다.

2

민족주의의 정의

민족주의와 민족주의

민족주의는 대부분의 '주의ism'가 그렇듯이 정치적 이데올로기이
자 강령으로 간주된다. 무릇 이데올로기가 프랑스 혁명이 몰고
온 정치적·사회적 충격 속에서 탄생했음을 고려하면, 민족주의
이데올로기의 연원도 프랑스 혁명 이전으로까지는 거슬러 올라
갈 수 없을 것이다. 실제로 많은 연구자들이 민족주의의 연원을
1789년의 프랑스 혁명에 두고 있으며, 더 많은 연구자들이 19세
기 초 프랑스의 나폴레옹에게 침략당한 독일을 민족주의의 진정
한 고향으로 손꼽고 있다. 이러한 사정에서 알 수 있듯이, 민족
주의의 기원을 1789년 이후로 잡는 근대론은, 민족주의를 민족
의 독립과 통일과 자유를 추구하는 정치적 이데올로기이자 강령
으로 정의하는 것이다. 거꾸로 말하면, 민족주의를 정치적 이데
올로기이자 강령으로 정의하는 한, 민족주의의 기원은 근대, 그

것도 1789년 이후에 있다. 그래서 민족주의에 대한 학문적 연구의 토대를 세운 콘Hans Kohn(1891~1971)도 민족이 제각기 국가를 가져야 한다고 주장하게 된 것은 극히 최근의 일에 불과하다고 보면서 민족주의가 공적인 감정이 된 것은 명백히 18세기 말의 일이라고 단정한 것이다.

콘

콘 이후로도 많은 연구자들이 민족주의를 정치적 이데올로기이자 강령으로 간주하면서 논의를 풀어내고 있다. 가령 케두리 Elie Kedourie는 민족주의란 19세기 초에 유럽에서 발명된 일종의 정치 교의라고 본다. 그런가 하면 겔너도 민족주의란 민족이라는 문화적 단위와 국가의 정치적 단위가 일치해야 한다고 주장하는 정치 원리라고 본다. 비록 표현은 조금씩 다르지만, 민족주의가 명시적인 정치적 관심사들 바깥에서 일어나는 삶의 현실들에 대해서는 별로 관심이 없고 오직 국가라는 정치적 실체 언저리에서 일어나는 일들과 연관된다고 본다는 점에서는 위의 두 정의가 다를 바 없다. 이 정의들에 따르면, 민족주의는 어쨌든 정치적 이데올로기이자 강령인 것이다.

케두리

민족주의를 올바르게 이해하기 위해서는 필히 전근대 시대로 거슬러 올라가야 한다고 믿는 많은 고전론자들과 중세론자들도 민족주의 자체는 근대적 이데올로기라고 본다. 가령 스미스는 민족주의를 기본적으로 민족의 획득과 유지를 위한 이데올로기적 운동으로 전제하고 민족과 민족주의를 구분한 뒤에 최근 자신의

> "실로 많은 이들이 '민족주의'라는 용어를 '민족'의 동의어로 잘못 사용하고 있다."
>
> —그로스비

연구 작업의 개요를 소개한다. 그에 따르면, 민족의 종족적 기원을 규명하는 것이 하나의 작업이고, 다른 하나의 작업은 민족주의의 근대적 연대기를 개정하는 것이다. 그러면서 이데올로기이자 교의로서의 민족주의의 기원을 통상 18세기로 잡는 통념에 맞서 17세기 잉글랜드와 스코틀랜드, 네덜란드를 민족주의의 발원지로 보아야 한다고 주장한다. 그러나 민족주의의 기원이 17세기에 있든 18세기에 있든 19세기에 있든, 또한 영국에 있든 프랑스에 있든 독일에 있든 간에 중요한 것은, 그 모든 논자가 민족주의를 근대적 이데올로기이자 강령으로 전제한다는 점이다. 그런 점에서 스미스나 그로스비처럼 민족주의의 깊은 역사적 뿌리를 내세우는 논자들이 실제로 말하는 것은 민족주의 자체의 기원이 아니라 민족의 기원이라고 할 수 있다. 그러므로, 당연하게 들리지만 민족과 민족주의는 구별되어야 하고, 이 구별은 아주 중요하다. 이러한 맥락에서 그로스비의 평범하지만 실은 비범한 다음과 같은 지적을 되새겨야 한다. "실로 많은 이들이 '민족주의'라는 용어를 '민족'의 동의어로 잘못 사용하고 있다." (《민족주의》).

이 대목에서 각별히 지적해야 할 점은, 모든 '주의ism'가 정치적 이데올로기이자 강령은 아니라는 사실이다. 가령 플라톤주의Platonism나 토마스주의Thomism는 정당이나 사회단체의 정강이 아니라 하나의 학파일 뿐이며, 정치적 대의와 운동을 나타내는 말이 아니라 일반적 관념 체계를 뜻하는 말일 따름이다. 민족주의도 '주의'라고 해서 반드시 정치 이념이나 정치 운동으로 간주할 필요는 없다. 사실, 민족주의는 완전히 비정치적이지는 않더라도 많은 경우에 국가 바깥의 일상적 삶과 인간의 일상적 감정을 규정하는 요소로 작용한다. 실제로 민족주의의 기원과 관련하여 고전론과 중세론를 옹호하는 많은 연구자들은 민족주의를 정치적 이데올로기이자 강령으로 규정하는 것을 거부하고, 그것을 넓은 의미의 정체성이나 의식으로 규정하고자 한다. 저명한 사회학자 캘훈Craig Calhoun도 《민족주의Nationalism》(1997)에서 민족주의의 다양성을 말하면서 민족주의가 단순한 정치 교의를 넘어 '말하고 생각하며 행동하는 근본적인 방식'이라고 주장함으로써 민족주의를 넓은 의미의 정체성으로 보는 편에 힘을 실어준다. 이러한 의미의 민족주의를 스미스가 사용한 민족주의에 대비된다는 뜻에서 **민족주의**로 표기해볼 수도 있겠다.

캘훈

　사실, 이데올로기로서의 민족주의(민족**주의**)와 정체성으로서의 민족주의(**민족**주의) 사이의 구분은 중요하다. 왜냐하면 그동안 민족주의의 기원을 둘러싸고 벌어진 숱한 논쟁들이 모두 똑같이 '민족주의'를 말하면서도 한편은 민족**주의**를, 다른 한편은 **민족**주의를 뜻한 탓에 논쟁은 공전할 수밖에 없었기 때문이다. 그런데 민족**주의**와 **민족주의**의 구별은 실상 민족과 민족주의의 구별과 상당 부분 겹친다. **민족**주의, 곧 민족적 정체성이나 의식은 민족의 (주관적) 구성 요소로도 간주될 수 있는 까닭에 민족 그 자체와 잘 구분되지 않을 정도로 가깝기 때문이다. 그러므로 민족과 민족주의를 구별하는 것이 민족주의와 **민족주의**를 구별하는 것보다 훨씬 더 중요하고 근본적이라고 할 수 있다. 거듭 강조하거니와, 지금까지 민족주의를 에워싼 논쟁에서 혼란은 대체로 민족주의와 **민족주의**, 나아가 민족과 민족주의를 혼동한 데서 유래한 듯하다. 그리고 이러한 개념적 혼동 속에서 민족 혹은 **민족주의**를 염두에 둔 논자들은 민족주의의 전근대 기원설을 지지한 반면에 민족주의를 염두에 둔 논자들은 근대 기원설을 옹호한 것으로 보인다.

물론 양자를 구분한다고 해서 민족주의 기원을 둘러싼 모든 논쟁이 즉각 해결되는 것은 아니다. 논쟁은 더 깊은 쟁점을 건드리고 있기 때문이다. 그 쟁점이란 민족주의가 민족에 선행하느냐 아니냐의 문제이다. 겔너와 같은 근대론자들에게 민족은 명백히 민족주의의 산물이지, 그 역이 아니다. 그러나 스미스나 그로스비와 같은 고전론자들에게 민족은 이데올로기로서의 민족주의가 등장하기 훨씬 전부터 존재한 역사적 실체이다. 그와 같은 민족(혹은 종족)들이 특정한 역사적 조건들 속에서 민족주의로 표출되었다는 말이다. 즉 민족 없이 민족주의 없다는 것이 고전론자들과 중세론자들의 신념인데, 근대론자들은 바로 그런 생각이야말로 민족주의가 낳은 환상에 불과하며 민족은 본질적으

민족 없이 민족주의 없다는 것이 고전론자들과 중세론자들의 신념인데, 근대론자들은 바로 그런 생각이야말로 민족주의가 낳은 환상에 불과하며 민족은 본질적으로 근대적이라고 믿는다.

로 근대적이라고 믿는다. 이 지점에서 다시 앞 장에서 소개한 "민족"과 **민족**의 구분으로 회귀하게 된다. 즉 고대 로마의 나티오와 근대 프랑스의 나시옹은 본질적으로 다른 것이되, 그럼에도 양자를 공히 관통하는 유사성을 결코 무시할 수 없다는 점이 민족주의 연구의 핵심적인 고민거리인 것이다.

민족적 담론과 민족적 상상계

최근에는 민족주의를 이데올로기도 아니요 정체성도 아닌, 제3의 어떤 것, 즉 일종의 담론 혹은 담론 구성discursive formation으로 보는 견해가 부상하고 있다. 그 대표적인 논자가 고스키Philip S. Gorski이다. 그는 민족주의를 담론으로 보자고 제안하면서 옷감 짜기에 비유해 민족주의 담론이 역사적으로 구성되는 과정을 묘사한다. "민족적 범주를 수확하고 이 범주적 원료를 단일한 이야기로 펴며 이야기를 더 긴 실로 잣고 (때때로) 이 실을 더 큰 옷감으로 짜는 연속적인 과정"이 바로 그것이다. 얼핏 모호해 보이는 이러한 진술은 잘 생각하면 쉽게 이해할 수 있다. 일부 사람들이 특정한 시점부터 '민족'을 말하기 시작하며, 점점 더 많은 사람들이 '민족'의 범주를 호명한다. 그리고 민족에 관한 다양한 설화와 전설 등이 꾸며지며 (때때로) 정치적 담론으로 전환되기도 한다는 말이다.

고스키

계속해서 고스키에 따르면, 16~17세기의 네덜란드 반란기에
서 그러한 역사적 옷감 짜기 과정, 즉 담론 구성 과정이 확인된
다. 네덜란드를 골리앗(에스파냐)을 쓰러뜨린 다윗에 비유하고
네덜란드의 오라녜 공 빌럼을 모세와 다윗에, 에스파냐 왕을 파
라오와 사울에 비유하며 '외국 민족'인 에스파냐인들에 맞서는
네덜란드인들을 '하느님의 선민'이자 '어린 양'으로 묘사하면서
네덜란드 독립 투쟁의 정당성을 옹호하는 정치적 담론이 바로 그
것이다. 이렇게 보면, 민족주의의 기원은 중세만큼 멀리 가지는
못하지만 최소한 프랑스 혁명보다는 먼 시기에 있다고 할 수 있
다. 고스키 자신이 (1789년 이후의 민족주의 기원설을 주장하는) 근
대론을 의식하여 각별히 '근대 초기 민족주의early modern nationalism'
를 말하고 있는 만큼 그 같은 견해를 근대 초기론early modernism으
로 명명할 수도 있겠다. 최근에 스미스의 경우에서도 나타나듯
이, 민족주의의 기원과 관련하여 16~17세기 영국과 네덜란드가
민족주의의 진정한 고향으로 크게 주목받는 것도 모두 이러한
맥락에서 이해할 수 있다.*

이상으로부터 민족주의를 정의하는 방식이 크게 세 가지로 대
별된다고 볼 수 있다. 도식적으로 말해서, 정체성으로서의 민족

---

* Philip S. Gorski, "The Mosaic Moment : An Early Modernist Critique of Modernist Theories of
Nationalism", *The American Journal of Sociology* 105 : 5(2000), 1436~1438 · 1458~1462쪽.

오토 반 빈, 〈레이던의 구제〉(1574). 네덜란드 반란 초기, 기아로 죽어가면서도 저항을 멈추지 않은 레이던의 시민들을 구하기 위해 반란군 함대가 청어와 빵을 수송했다

'담론으로서의 민족주의'를 대표하는 고스키는 16~17세기의 네덜란드 반란에서 민족주의 담론의 역사적 구성 과정을 확인한다. 네덜란드를 다윗에, 에스파냐를 골리앗에 비유하고 에스파냐인에 맞서는 네덜란드인들을 '하나님의 선민'이자 '어린 양'으로 묘사하면서 네덜란드 독립 투쟁의 정당성을 옹호하는 정치적 담론이 바로 그것이다. 이렇게 보면, 민족주의의 기원은 최소한 프랑스 혁명보다는 먼 시기에 있다고 할 수 있다.

민족주의를 정의하는 방식은 크게 정체성으로서의 민족주의, 담론으로서의 민족주의, 이데올로기로서의 민족주의로 나눌 수 있다. 다시 각각은 고전론 및 중세론, 근대 초기론, 근대론에 대응한다.

주의, 담론으로서의 민족주의, 이데올로기로서의 민족주의가 그것인데, 다시 각각은 고전론 및 중세론, 근대 초기론, 근대론에 대응한다고 하겠다. 그러므로 민족주의의 기원을 논할 때에는 자신이 민족을 논하는지 민족주의를 논하는지, 그리고 민족주의를 어떠한 방식으로 정의하는지를 먼저 밝히고, 용어상의 오해와 혼동이 없도록 배려해야 한다. 그래야만 논쟁이 좀 더 생산적인 결과를 낳을 수 있을 것이다.

물론 그렇다고 해서 모든 의혹이 해소되는 것은 아니다. 가령 민족주의를 정체성으로 규정한다고 해도, 이때의 정체성이 구체적으로 무엇을 뜻하는지에 대해서는 의견이 갈릴 수 있다. 다시 말해서, 정체성이 단순히 친밀한 소속감을 뜻하는 것이라면 그 기원은 멀리 고대로까지 소급될 수도 있겠지만, '범주적 정체성 categorical identity'을 뜻하는 것이라면 그 기원은 근대 이후일 수밖에 없다. 민족주의의 다양성을 주장하는 캘훈도 바로 그 점을 지적한다. 그에 따르면, 민족적 정체성은 본질적으로 범주적이다. '범주적 정체성'이란 근대 세계에 들어와서야 비로소 중요성을 지니게 된 정체성으로서, 그 구성원들이 비교적 작은 크기의 직접적 관계망이나 공통의 유사한 속성을 공유하는 집단에 소속되는 것이 아니라 상당히 큰 규모의 집단에 속하여 서로 만나지도, 알지도 못하면서도 자신들이 같은 범주에 속해 있다고 느끼는 단위를 뜻한다. 그런 점에서 민족주의적 정체성은 기본적으로

고임
그리스어 성서에서 '에트노스ethnos'로 번역되는 것으로 미루어 보아 생물학적 공통성을 지닌 (이방인) 집단을 가리키는 말이다. 그 반면에 '암am'은 하느님과의 성약을 통해 선택된 민족이라는 뜻을 갖는다는 점에서 '고임'보다는 법률적·계약적 성격이 더 강하다. 그러나 법률적 민족(암)과 종족적 민족(고임)의 구별이 항상 분명한 것은 아니었고, 양자는 자주 중첩되었다.

전근대 시대의 소규모 공동체들로부터의 개인의 해방, 즉 근대적 개인주의의 진전을 전제로 하며, 그러고 나서 다시 (민족이나 시민과 같은) 추상적 범주로 호명되어 '총체화되는' 정체성이라고 할 수 있다.

이러한 맥락에서 고전론자들이 민족적 정체성의 고대적 기원을 논할 때 자주 거론하는 고대 근동의 유대인 정체성과 20세기 나치 독일의 대학살 대상이었던 현대 유대인의 유대인 정체성은 유사하면서도 본질적으로 다르다고 할 수 있다. 전자가 노아의 자손들로서 공통의 혈통과 언어와 종교, 무엇보다 영토에 기반을 둔 직접적 관계망에서 유래한 민족, 즉 고임goyim이라면, 후자는 각종의 다른 언어를 쓰고 각지에 흩어져 살면서 서로 알지 못해도 유대인으로 호명되는 민족nation인 것이다. 그러므로 나치 독일 역시 유대인 개개인의 잘못을 따져 묻지 않고 단지 유대인의 범주에 속한다는 이유 하나만으로 600만 명에 달하는 유대인을 학살했다. 그런 점에서 이는 일종의 '범주적 살해categorical murder'라고 할 수 있다.

물론 범주적 살해의 원형으로 보이는 것은 근대 이전에도 있었다. 가령 1312년 폴란드의 크라쿠프에서 폴란드 왕에 맞서 일어난 독일인들의 반란이 진압된 뒤에 반란 가담자들을 색출하기 위해 '렌즈콩soczewica', '바퀴koło', '맷돌młyn'처럼 비폴란드인으로서는 도저히 발음하기 어려운 단어들을 말해보라고 시킨 일은 범주적 살해와 범주적 정체성이 근대 이전에도 존재했음을 강력히 시사한다. 또한 어디에 있건 무슨 말을 쓰건 간에 서로 강한 친밀감을 느끼는 유대인의 정체성은 두말할 것도 없이 '야훼'와 '가나안'으로 결속되는 유대 고임에 토대를 둔 것으로서 그 민족에 대한 다양한 기억과 상징에 의해 역사적으로 강화되어온 것이다. 그렇다면 나티오와 나시옹의 같고 다름, 고임과 네이션의 같고 다름을 특정한 시 · 공간적 맥락에 놓고 따지는 것이 민족주의에 대한 역사 연구가 수행해야 할 과제가 될 것이다.

그런데 민족적 정체성이 형성되는 과정을 보면, 역사가 신화화되고 신화가 역사화되는 과정, 즉 사실과 허구의 혼재가 자주 목격된다. 그럼에도 사람들은 민족이 실재한다고 굳게 믿으며, 그러한 '민족주의적' 믿음은 캘훈이 말하듯이 인간의 '말하고 생각하고 행동하는' 방식을 규정한다. 그렇다면 민족주의는 사람의 인식과 행동을 근저에서 규정하는 모종의 사회적 상상계 social imaginary로 간주될 수 있다. 이 경우에 사회적 상상계란 테일러Charles Taylor의 널리 알려진 표현을 빌리자면 '공동의 실천과 널리 공유되는 정당성의 감정을 가능케 하는 공동의 이해'로서, 그 자체로는 이론도 아니고 이데올로기도 아니면서 공동의 인식과 실천의 근저에 자리 잡고 있는 이론적 · 이데올로기적 배경을 뜻한다. 즉 공동의 인식과 실천에 필요한 어휘와 문법, 표상과 감각을 제공하는 것이 사회적 상상계인 것이다. 확실히, 이러한 상

피터 라스트만, 〈아브라함의 가나안 여정〉 (1614). 유대인의 정체성은 야훼와 가나안으로 결속되는 유대 고임에 기초한 것으로서 다양한 기억과 상징에 의해 역사적으로 강화되어왔다

상계로서의 민족주의는 이데올로기로서의 민족주의보다는 폭이 넓고 정체성으로서의 민족주의보다는 폭이 좁은 정의이다. 요컨대 민족주의를 일종의 민족적 상상계national imaginary로 이해한다면, 언어와 표상을 매개로 하여 민족적 정체성이 성숙되고 정련되어 일체의 정치적 이데올로기와 강령, 정치적 교의와 원리의 공통적 뿌리를 이룬 것이 바로 민주주의라고 할 수 있다.*

바로 이것이 우리가 민족주의를 종종 2차적 이데올로기라고 부르는 이유이다. 민족주의가 2차적 이데올로기인 것은, 근대 세계의 3대 이데올로기인 보수주의, 자유주의, 사회주의와 자유롭

---

* Manfred B. Steger, *The Rise of the Global Imaginary : Political Ideologies from the French Revolution to the Global War on Terror*(Oxford : Oxford University Press, 2008), 1 · 10쪽.

민족주의를 일종의 상상계로 보면, 이제 관심은 민족주의가 언제부터 존재했느냐 하는 문제에서 민족주의가 언제부터, 어떻게 사람들의 상상계를 지배하게 되었느냐 하는 문제로 옮겨 가게 된다.

게 결합할 수 있기 때문이다. 즉 보수주의자도, 자유주의자도, 사회주의자도 공히 민족주의자가 될 수 있는 것이다. 그런 점에서 민족주의는 여러 이데올로기 조각이 떨어져 나가기 전에 원래 하나였던 이념 대륙, 즉 '판게아'로서, 단순한 하나의 이데올로기라기보다는 '이데올로기의 이데올로기', 즉 이데올로기의 모체나 배경으로 여겨진다. 민족주의가 이러한 근원적 영향력을 행사할 수 있게 된 것은 필경 근대 이후의 일이다. 그러므로 민족주의를 일종의 상상계로 보면, 이제 관심은 민족주의가 언제부터 존재했느냐 하는 문제에서 민족주의가 언제부터, 어떻게 사람들의 상상계를 지배하게 되었느냐 하는 문제로 옮겨 가게 된다.

3

민족주의의 유형

데모스와 에트노스

민족주의는 역사적으로 다양한 형태를 띠고 출현했다. 민족주의의 역사적 유형에 대해서는 콘의 구분이 논의의 출발점이 된다. 콘은 유럽의 경우에 라인 강을 기준으로 그 동과 서에서 민족주의의 성격이 확연히 나뉜다고 보았다. 그에 따르면, 부르주아 계급이 발전한 라인 강 서쪽의 민족주의가 민족을 합리적 개인들의 자유로운 연합체로 보는 반면에 부르주아 계급의 발전이 지체된 동쪽의 민족주의는 민족을 출생에 따라 결정된 운명적인 유기체로 본다. 그러므로 민족주의는 합리적이고 공민적인 서구형 민족주의와 유기적이고 종족적인 동구형 민족주의라는 두 가지 유형으로 대별될 수 있다는 것이다.

　이러한 견해는 오랫동안 민족주의 연구자들에게 큰 영향을 미쳤다. 가령 홉스봄은 프랑스로 대표되는 공민적 · 정치적 민족주의, 즉 민족에 대한 혁명적·민주적 개념과 독일로 대표되는 종족적·문화적 민족주의, 즉 민족에 대한 민족주의적 개념을 구분한다. 그러면서 후자의 민족주의를 근대성을 거부하는 보수 반동 세력으로 규정한다. 독일 철학자 하버마스Jürgen Habermas도 시민권에 입각한 민족주의와 민족성nationality에 입각한 민족주의를 구분한다. 이러한 구분은 국가의 정치적 원리에 기초한 '국가 민족Staatsnation'과 종족의 문화적 원리에 기초한 '문화 민족 Kulturnation'이라는 전통적인 독일식 구분에 바탕을 둔 것이다. 하

하버마스

버마스는 전자가 시민을 뜻하는 그리스어 데모스demos의 정치적 원리에 기초한 반면에 후자는 종족을 뜻하는 그리스어 에트노스의 문화적 원리에 기초한 것이라고 구분하면서 양자의 대립과 모순을 강조한다. 데모스의 공민적 민족주의와 에트노스의 종족적 민족주의가 날카롭게 충돌한다는 것이다. 그러면서 하버마스는 데모스의 논리가 일체의 종족적 차이를 폐지하고 세계 시민주의로 고양될 수 있으리라는 낙관론을 편다.

그러나 데모스(시민)와 에트노스(종족)의 이항 대립은 허구적이거나 최소한 과장된 것이다. 가령 데모스의 원리에 따라 조직되었다는 서구형 민족주의에 에트노스의 원리가 정녕 없으며, 거꾸로 에트노스의 원리에 기초한 동구형 민족주의에 데모스의 원리가 정녕 없다고 볼 수 있는가? 쉬운 예를 들면, 공민적 민족주의의 대표 주자로 간주되는 영국에서 '징고이즘Jingoism'과 같은

맹목적 애국주의가 출현한 것, 또한 프랑스에서 국수주의를 뜻
하는 '쇼비니즘chauvinisme' 이라는 말이 탄생하고 '악시옹 프랑세
즈Action Française' 와 같은 극우 민족주의 단체가 출현한 것을 어떻
게 설명할 것인가? 이와는 반대로 19세기의 독일 통일이 프로이
센 국가를 중심으로 한 '소小독일적' 통일로서, 오스트리아에 거
주하던 많은 독일인은 신생 독일 국가에서 배제되고 그 대신에
상당수의 폴란드인들이 신생 독일 국가에 포함되었다는 사실,
요컨대 독일이 '순수 독일적' 이지 않았다는 사실은 그 자체로 독
일에서 에트노스보다는 데모스가 선행하고 우세했음을 방증하
지 않는가?

물론 독일이 곧 폴란드인들을 추방하는 정책을 펼치는 등 종
족의 경계와 국가의 경계를 인위적으로라도 일치시키려고 노력
함으로써 데모스에 대해 에트노스의 원리가 부상하게 된 것은
사실이다. 거꾸로 프랑스에서는 아무리 모라스Charles Maurras 등이
대표하는 종족적 민족주의가 득세했을지라도 '프랑스에서 유일
한 외국인은 나쁜 시민' 이라는 탈리앵Jean-Lambert Tallien(1767~1820)의
저 유명한 데모스의 원리가 의연히 힘을 발휘하고 있었다는 것
역시 사실이다. 따라서 데모스와 에트노스, 서구형과 동구형, 프
랑스형과 독일형의 이분법적 구별을 고수하면서 양적 차이를 질
적 차이로, 외적 차이를 내적 차이로 여기고, 나아가 이를 선과
악으로 가르고 싶은 유혹이 강렬하게 고개를 치켜드는 것도 충

탈리앵

탈리앵

프랑스 혁명기에 활동한 정치가이다. 국민 공회 의원
으로서 로베스피에르와 산악파를 지지하기도 했으나
나중에는 테르미도르 파에 가담하여 로베스피에르와
산악파의 몰락에 일조했다. 훗날 나폴레옹을 지지했
으나 큰 정치적 영향력을 발휘하지는 못했다.

분히 이해할 수 있는 일이다.

그렇기는 해도 프랑스에서나 독일에서나 모두 데모스와 에트
노스가 공히 존재한다는 점은 부정될 수 없다. 양국 간 차이가
있다면 정도의 차이요, 역사적 맥락의 차이일 뿐이다. 최근의 많
은 연구자들도 종족적 민족주의의 전형으로 간주되는 독일과 이
탈리아에서 민족이 국가에 의해 사뭇 인위적으로 만들어진 측면
이 강하고, 영국, 프랑스에서 오히려 종족적·문화적 동질성이
굳건히 유지되었음을 인정한다. 실제로 어떤 국가에서 지배적인
것이 공민적 민족주의인가, 종족적 민족주의인가를 결정하는 요
인은 특정 시점에서 그 국가가 이민을 유입하는 나라인가(이 경
우에는 영국, 프랑스, 미국처럼 공민적 민족주의가 우세함), 이민을 방
출하는 나라인가(이 경우에는 이탈리아와 독일, 동유럽 각국처럼 종
족적 민족주의가 우세함)의 차이로 보인다. 그리고 이 차이는 명백
히 원리의 차이가 아니라 맥락의 차이인 것이다. 따라서 모든 민
족주의에서 기본적으로 데모스와 에트노스가 공통된 논리로 관
철되고, 그런 만큼 공민적 민족주의와 종족적 민족주의의 유형
구분은 지극히 자의적인 것이라고 하겠다.

호네스티오레스와 후밀리오레스

데모스와 에트노스의 구별에 입각한 민족주의의 유형 구분이 주

고대 로마에서 사회적 구분선은 기본적으로 시민과 비시민 사이에 있었다. 그런데 3세기 무렵이 되면 시민권이 제국 내 모든 자유민으로 확대되어 시민과 비시민의 구별은 별 의미가 없게 되었다. 그 대신에 경제적 부와 정치적 영향력의 측면에서 호네스티오레스(고귀한 자)와 후밀리오레스(미천한 자)가 중요한 사회적 정체성으로 떠올랐다. 호네스티오레스란 사형에 처해질 만한 중죄로 기소되었을 때 황제를 면담할 특권을 보유한 엘리트를 가리켰고, 후밀리오레스는 아무런 항소권도 없이 속주 총독의 권위에 종속된 하층민을 가리켰다.

로 민족주의의 내용에 중점을 둔 구분이라면, 민족주의의 형식(스타일)에 중점을 두고 민족주의의 유형을 구분하는 방법도 생각해볼 수 있다. 이러한 시각에서는 민족주의는 권위적 방식의 민족주의와 민주적 방식의 민족주의로 대별된다. 그리고 통상 권위적 민족주의는 독일과 이탈리아의 에트노스에 기초한 종족적 민족주의에 대응하고, 민주적 민족주의는 영국과 프랑스의 데모스에 기초한 공민적 민족주의에 대응한다고 할 수 있다.

그러나 이 또한 허구적이거나 최소한 과장된 것이다. 일반적으로 볼 때, 권위주의에서는 확고한 사회적 위계 속에서 대중에 대한 엘리트의 지배가 관철되며, 민주주의에서는 엘리트와 대중의 거리가 상대적으로 가깝고 그런 만큼 평등주의가 강하다. 즉 전자는 라틴어로 고귀한 자를 뜻하는 호네스티오레스honestiores의 지배로 이루어지고, 후자는 미천한 자를 뜻하는 후밀리오레스humiliores의 참여로 이루어진다고 할 수 있다. 이 기준에서 보면, 공민적 민족주의가 발전했다고 간주되는 영국과 프랑스에서는 각각 의회parliament와 고등 법원parlement을 중심으로 엘리트 민족 혹은 정치적 민족political nation 중심의 민족주의가 득세했고, 종족적 민족주의가 발전했다고 간주되는 독일과 이탈리아에서 오히려 종족적·문화적 동질성에 입각한 강한 평등주의적 속성이 표출된 듯하다.

물론 일찍부터 잉글랜드 왕국에서 (가난한 자들을 입대시키려는

1181년의 무장 조례가 보여주듯이) 후밀리오레스를 제도에 통합하려는 시도가 있었음을 확인할 수 있다. 그 반면에 비슷한 시기의 독일에서 신성로마제국은 전혀 독일 민족과 일치하지 않았고, 이를 원형적 민족으로 본다고 해도 제후와 귀족 등 호네스티오레스를 대표한 민족이었을 뿐이다. 또한, 20세기에 들어와서도 프랑스에서는 (이른바 속지주의의 원리가 보여주듯이) 대체로 민족에 대한 민주주의적 개념이 번성한 반면에 독일과 이탈리아에서는 (이른바 속인주의의 원리가 보여주듯이, 혹은 파시즘이나 나치즘의 예가 보여주듯이) 민족에 대한 권위주의적 개념이 활보한 것이 사실이다. 따라서 영국과 프랑스를 후밀리오레스의 광범위한 참여가 보장되는 민주적 민족주의의 사례로, 독일과 이탈리아를 호네스티오레스의 편협한 지배에 기초한 권위적 민족주의의 사례로 유형화하려는 강렬한 유혹이 들 법도 하다.

그렇기는 해도 영국과 프랑스, 독일과 이탈리아에서 모두 호네스티오레스의 지배와 후밀리오레스의 참여가 확인된다. 물론 그 정도도 다르고 그 양상도 시대에 따라 다르기는 하지만 말이다. 실제로 최근의 많은 연구자들은 19세기 후반 이래 독일과 이탈리아에서 권위주의적 정치 체제가 온존하는 가운데에서도 아래로부터의 민족주의 운동이 광범위하게 분출했음에 주목한다. 이러한 맥락에서 파시즘과 나치즘도 단순한 권위주의적 독재 체제라기보다는 아래로부터의 광범위한 대중 동원에 기초한 새로운 유형의 민족주의적 대중 정치였다고 파악한다. 그러므로 모든 민족주의에서 데모스의 원리와 에트노스의 원리가 공히 관철되듯이 기본적으로 호네스티오레스의 지배와 후밀리오레스의 참여가 공통된 논리로 관철되며, 그런 만큼 권위적 민족주의와 민주적 민족주의의 유형 구분 자체가 지극히 상대적인 것이라고 하겠다. 이러한 사실은 민족주의의 역사를 다루는 다음 장의 논의에서 바로 드러난다.

깊이
읽기

공민적 민족주의와 종족적 민족주의

민족주의를 공민적 민족주의와 종족적 민족주의로 나누는 이분법이 널리 통용된다. 그리고 이러한 유형 구분의 이분법은 공민적 민족주의는 좋은 민족주의이고 종족적 민족주의는 나쁜 민족주의라는 가치 판단의 이분법으로 이어지곤 한다. 그러나 모든 민족주의에는 공민적 요소와 종족적 요소가 모두 존재하며, 외적 상황의 변수들에 따라 그 성분비가 다르게 결정된다. 그러므로 공민적 민족주의와 종족적 민족주의의 구분은 어디까지나 잠정적인 것으로 간주되어야 한다.

그러나 독일 민족주의에 종족의 문화적 개념만 있었던 것은 아니다. 거기에는 프랑스와 마찬가지로 국가의 정치적 개념도 작동하고 있었다. 즉 에트노스 외에 데모스의 요소도 있었다는 말이다. 가령 폴란드인들이 독일 제국에의 합병에 항의했을 때, 비스마르크는 국가주의의 용어로 대답하기를, 폴란드인들은 "나 자신이 속해 있는 프로이센 외의 다른 어떤 국가에도, 다른 어떤 민족에도 속해 있지 않다"고 했던 것이다.
……
기실, 한때 프랑스 역사학의 대부였던 페르낭 브로델Fernand Braudel은 프랑스에 종족적 민족주의가 있음을 부인하지 않는다. 그는 유작 《프랑스의 정체성》에서 민족주의가 유럽에 "분열, 광기, 야만"을 몰고 왔다면서 "우리 프랑스인들은 에스파냐인, 영국인, 독일인이라면 이빨을 드러내고 그들 역시 우리에 대해 마찬가지"라고 말한다. 오죽하면 프로이센 장교복 상의의 붉은 옷깃을 가리켜 "프랑스인의 피"라고 말하겠는가!
……
결국 이상의 사실들은 프랑스 민족과 독일 민족의 유형 분류에서 유래한 서구형의 공민적 민족주의와 동구형의 종족적 민족주의의 구분이 다분히 허상적인 것임을 잘 보여준다. 그런 구분은 모든 근대 민족에 공존하는 두 가지 원리, 즉 데모스와 에트노스라는 애초에 **나눌 수 없는 것**을 나누는 오류에 기초해 있다. 또한 데모스를 정치적으로 구성된 것으로, 에트노스를 자연적으로 주어진 것으로 보는 통상적인 시각 역시 양자가 모두 **사회적으로 구성된 것**임을 간과하고 있다. 물론 프랑스에서 데모스의 요소가 우세하고 독일에서 에트노스의 요소가 우세한 것은 사실이다. 그러나 "정도의 차이를 종류의 차이로, 맥락상의 표현의 차이를 내적 원칙의 차이로 취급하려는 유혹"에 대해서만큼은 초연해질 필요가 있다. 나아가 종류의 차이와 내적 원칙의 차이를 아예 선악의 이분법으로 확대하고 그런 선악의 가늠자로 유럽 밖의 세계를 조준하는 것은 심각한 정치적 오류에 빠지는 것임을 명심할 필요가 있다.

— 장문석, 《민족주의 길들이기—로마 몰락에서 유럽 통합까지 다시 쓰는 민족주의의 역사》(지식의풍경, 2007), 208~214쪽에서

3 장

민족주의의 시대

민족주의의 승리

기원에서 시대로

지금까지 민족주의를 둘러싼 논쟁에서는 주로 민족주의의 기원에 초점이 맞추어져왔다. 그 과정에서 이미 지적한 바와 같이 민족과 민족주의가 혼동되고, 여러 가지 의미의 민족주의들이 구분되지 않은 채 혼란스럽게 사용되었다. 그러므로 민족과 민족주의를 구분하고 민족주의의 다의성을 염두에 두어야 함은 거듭 강조되어야 한다. 또 하나 응당 강조되어야 할 것은 우리의 관심을 민족(주의)의 **기원**에서 민족주의의 **시대**로 돌릴 필요가 있다는 점이다. 사실, 기원을 더듬어 찾아내는 일은 지극히 자의적일 수 있다. 그로스비가 다윗과 솔로몬 치하의 통일 왕국에 대한 기억과 야훼와의 성약을 통한 선민의식 등을 제시하면서 이미 고대에 이스라엘 민족이 존재했음을 알 수 있다고 주장할 때, 우리는 그에 동의할 수도 있고 반대할 수도 있다. 우리가 그런 증거들에

관심을 민족(주의)의 기원에서 민족주의의 시대로 돌리면 이제는 민족
의 희미한 '흔적'을 발굴하는 고고학적 작업보다는 민족의 지배적인
'현실'을 인과적으로 설명하는 역사학적 작업이 필요해진다.

의혹을 품고 그것들만으로는 민족이 존재했다는 주장을 뒷받침
하기에 부족하다고 생각해도, 단순히 민족의 기원을 다루는 한
에서는 그러한 증거의 편린들을 민족의 희미한 '흔적'으로 여기
는 것까지 거부하기가 쉽지 않은 까닭이다.

그러나 관심을 기원에서 시대로 돌리면 상황은 달라진다. 이
제는 민족의 희미한 '흔적'을 발굴하는 고고학적 작업보다는 민
족의 지배적인 '현실'을 인과적으로 설명하는 역사학적 작업이
필요해진다. '민족'이라는 용어는 이미 고대에서도 발견되지만,
그것이 인류의 삶을 규정하는 **지배적인** 요인으로 부상한 것은 근
대 이후, 특히 19세기 이후의 일이다. 19세기 이후에야 사람들은
의식적으로건 무의식적으로건 '민족'을 말하고 '민족'을 느끼며
'민족'의 관점에서 생각하기 시작했다. 그런 점에서 겔너가 말했
듯이, 현대인은 자의든 타의든, 혹은 강한 의미에서든 약한 의미
에서든 모두 민족주의자라고 할 수 있다. 그러므로 민족주의의
시대를 논한다는 것은 언제부터, 왜, 어떻게 민족주의가 우리의
삶을 지배하는 규정적인 원리가 되었는지를 설명하는 일이 될
터이다. 이 장에서 바로 그런 작업을 수행해보고자 한다.

흔히 교과서적인 수준에서 19세기 중반의 이탈리아와 독일의
통일이 민족주의의 찬란한 승리를 대변한다고 알려져 있다. 그
러나 앞에서 언급했듯이, 민족주의가 승리한 시점은 그에 앞선
프랑스 혁명이나, 또 그에 앞선 영국 혁명 혹은 네덜란드 혁명으

자코뱅

프랑스 혁명기 급진파의 정치 조직, 즉 자코뱅 클럽의 구성원을 가리킨다. 자코뱅이란 말 자체는 회합이 이루어진 수도원의 이름에서 유래했다. 당대에 자코뱅은 혁명적 견해의 소지자로서, 주로 중앙 집권적 공화국의 통일성을 옹호하는 이들을 뜻했다. 그람시는 자코뱅을 농업 혁명의 강령을 지지하면서 민중 세력과 동맹한 급진적인 부르주아 분파로 규정했다.

그람시

로까지도 소급될 수 있다. 가령 이탈리아 마르크스주의 사상가 그람시Antonio Gramsci는 프랑스 혁명이 거둔 위대한 성공이 정확히 자코뱅Jacobin의 민족주의에서 기인했다고 본다. 그에 따르면, 프랑스 자코뱅파는 부르주아 국가를 수립했을 뿐만 아니라 부르주아를 '민족적' 지도 계급으로 만드는 위업을 달성했다. 이러한 평가의 맥락에서 영국 혁명과 그 이후의 민족적 발전 또한 민족주의의 소산으로 간주될 만하다. 영국의 지도 계급도 의회를 통해 대중에게 헤게모니를 행사하면서 강력한 국민 통합을 성공리에 추구했다는 말이다. 물론 그럴 수 있었던 것은 온건파와 급진파가 공유하는 특유의 영국적 정치 문화, 즉 프로테스탄티즘, 앵글로-색슨의 자치와 자유의 전통, 검소와 절제의 '지방'의 이상, 법 앞의 개인의 자유 등을 버무린 장기 지속적인 '민족적' 정치 문화가 배후에 있었기 때문이다.

이와는 달리 이탈리아와 독일의 통일은 민족주의의 승리를 보여주기에 턱없이 부족한 사건들처럼 보이기도 한다. 과연 양국의 통일을 가져온 것은 민족주의가 아닌 다른 힘들——예컨대 전통적인 왕조 국가나 소수 지식인들의 의지주의——이었고, 그런 만큼 이들 나라에서의 민족주의의 승리를 말할 수 있는 것은 그보다 훨씬 나중의 일이라는 것이다. 사실 '민족주의nationalism'라는 말이 종래의 '민족성의 원칙principle of nationality'이라는 말을 대신해 사용되기 시작한 것은 프랑스의 경우를 보면 적어도

1870년대에 들어서였다. 그런가 하면 이탈리아 민족 통일의 주역
인 마치니Giuseppe Mazzini(1805~1872)도 '민족주의자nazionalista'라는 말
을 사용하지 않았다는 것은 시사하는 바 크다. 마치니는 자신을
'애국자patriota'로 불렀고, 그에게 '민족주의자'는 오늘날의 어감
과 비슷하게 편협한 국수주의자를 떠올리게 하는 부정적 용어였
을 법하다. 그렇다면 19세기 중반까지도 민족주의는 뭇 사람들의
현실을 규정하는 지배적인 원리는 아직 아니었다고 할 수 있다.

마치니

　그런데 이렇게 민족주의의 승리를 이탈리아와 독일의 통일 이
전으로 볼 수도 있고 그 이후로 볼 수도 있다는 사실은, 민족주의
가 지배적인 현실이 되는 과정에서 양국의 통일이 전환점이 되
었음을 암시한다. 그러므로 우리의 논의도 그와 같이 전환점이
되는 이탈리아와 독일의 통일로부터 풀어나갈 수 있다.

이탈리아 통일

이탈리아에서 통일 민족 국가가 수립된 과정은 역사적으로 리소
르지멘토Risorgimento라고 알려져 있다. 리소르지멘토란 이탈리아
어로 원래 부흥이나 재생을 뜻하는데, 오스트리아 치하에서 이
탈리아의 독립, 통일, 자유를 추구했던 문화적 민족주의이자 정
치적 행동주의를 가리키는 말로도 쓰인다. 여기서 의미심장한
것은 이탈리아 민족주의가 보여주는 문화적 차원이다. 이탈리아

는 고대 로마 제국의 몰락 이래로 단 한 번도 통일 국가를 가져 본 적이 없었다. 그럼에도 이탈리아어를 기반으로 하는 문화적 공통성을 지니고 있었고, 또 이탈리아 반도의 거주민들도 그러한 문화적 동질감을 강하게 의식하고 있었다. 이렇게 이탈리아 처럼 (또한 독일처럼) 문화적 동질성이 선행하고 이에 기초하여 정치적 행위를 통해 통일 국가가 수립되는 경우를 가리켜 통일 민족주의unification nationalism라고 부른다. 이는 앞에서 언급한 전통적인 민족주의 유형론에서 보자면 문화적 · 종족적 민족주의의 사례이기도 하다. 리소르지멘토에서 또 하나 흥미로운 점은, 통일 민족주의나 종족적 민족주의에서 우세한 것이 부흥과 재생의 담론이라는 것이다. 이 담론은 항상 위대했던 과거를 떠올리며 이를 옹색한 현재와 극적으로 대비시키고 바람직한 미래의 창조를 위해 하나로 결집할 것을 호소한다.

그런데 리소르지멘토 초반기의 민족 운동이 주로 소수 지식인 음모가들을 중심으로 추진되면서 실패를 거듭했음을 상기하면, 이탈리아 민족주의는 의미 있는 대중적 기반을 결여하고 있었다고 할 수 있다. 실상, 대중적 기반이 없었을 뿐만 아니라 대중은 민족과 등 지고 있었다고 해도 과언이 아니다. 그 점을 잘 보여주는 것이 1848년 혁명 당시 이탈리아 농민들이 보여준 태도이다. 1848년 혁명 당시 밀라노 시민들은 '영광의 5일'이라는 영웅적인 바리케이드 전을 통해 오스트리아 군대를 물리치고 임시

정부를 세웠다. 오스트리
아는 곧 전열을 재정비하
고 혁명을 진압하기 위해
라데츠키 장군 휘하 군대
를 파견했다. 이때 밀라노
로 진격하는 오스트리아
군대를 환영하며 롬바르디
아 농민들은 "라데츠키 장
군 만세!"를 외쳤다. 이 사
실은 당시 이탈리아 농민
들의 정체성이 '민족적'이

1848년 혁명기의 '영
광의 5일' 당시 밀라
노에 설치된 바리케
이드를 묘사한 그림

라기보다는 '계급적'이었음을 말해준다.

   실제로 유럽의 역사에서 민족적 정체성과 계급적 정체성이 충
돌한 경우가 빈번하다. 가령 에스토니아에서 '작스saks'라는 말은
보통 '독일인'을 뜻한다고 여겨지지만 실제로는 독일인이든 에
스토니아인이든 상관없이 '지주'를 가리키는 용어였다. 따라서
에스토니아 농민들이 작스에 반대한 것은 독일인들을 에스토니
아 땅에서 몰아내려는 민족주의적 애국심의 발로가 아니라 계급
적 분노의 표현이었던 것이다. 쉽게 말해, 당시에 민족주의는 아
직 농민들의 것이 아니라 일부 지식인 선각자들의 이념적 소유물
에 불과했다. 민족주의가 호네스티오레스 계층을 넘어 후밀리오

이탈리아 서북쪽 알프스 기슭에 위치한 지역의 지명
이자 한때의 왕국을 가리키는 말이다. 피에몬테가 왕
국을 가리킬 때에는 사르데냐 왕국이라고 불리기도
한다. 또한 사보이아 왕조의 지배를 받았다는 뜻에서
사보이아 왕국이라고 불리기도 한다. 피에몬테는 이
탈리아 통일의 견인차였으며, 피에몬테의 비토리오

에마누엘레 2세가 통일 이탈리아 왕국의 초대 왕으로
즉위했다.

레스 계층으로까지 파급되는 데는 시간이 필요했다.

1848년 혁명이 실패한 뒤에 환멸을 느끼던 이탈리아의 많은
민족적 지식인들은 피에몬테라는 작지만 강력한 군주정에 모든
희망을 걸기 시작했다. 마닌Daniele Manin이나 가리발디Giuseppe
Garibaldi와 같은 역전의 혁명가들도 피에몬테 군주정 주위로 몰려
들기 시작했다. 이는 이탈리아 통일을 위해서는 현실적으로 피
에몬테의 '병사와 대포'가 필요하다고 생각한 까닭이었다. 물론
가리발디와 같은 왕년의 공화주의자들은 여전히 피에몬테 군주
정을 신뢰하지 않았고, 그런 만큼 독자적인 행보를 늦추지 않았
다. 1860년, 천 명으로 구성된 가리발디의 '붉은 셔츠단'의 이탈
리아 남부 원정은 소수 민족주의적 엘리트의 모험이었다. 이 무
모해 보인 모험은 모든 이의 예상을 깨고 놀라운 성공을 거두었
지만, 그 성공 역시 대중의 광범위한 참여보다는 남부 토착 엘리
트들의 협조에 기인한 것이었다. 이 점을 잘 보여주는 일화가 있
다. 당시에 한 프랑스 기자가 보고했듯이, 시칠리아 농민들은
"이탈리아 만세!"를 외치면서 "이탈리아가 뭐죠?"라고 물었고,
"왕과 헌법 만세!"를 외치면서 이를 '왕과 (그의) 멋진 제복'으로
이해하고 있었다. 그때까지도 여전히 민족주의는 농민들의 것이
아니었던 것이다.

실제로 이탈리아 통일에서 주도적인 역할을 했던 지식인들조
차 민족주의적이지 않은 경우가 적지 않았다. 피에몬테 수상인

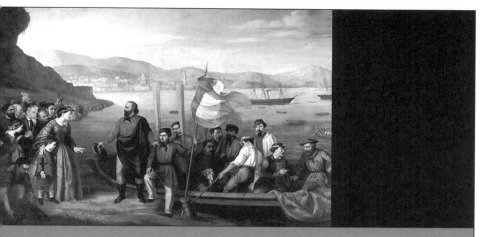

천 명의 '붉은 셔츠단'을 이끌고 시칠리아 정복을 위해 원정을 떠나는 가리발디

1860년, 천 명으로 구성된 가리발디의 '붉은 셔츠단'의 이탈리아 남부 원정은 소수 민족주의적 엘리트의 모험이었다. 이 무모해 보인 모험은 모든 이의 예상을 깨고 놀라운 성공을 거두었지만, 그 성공 역시 대중의 광범위한 참여보다는 남부 토착 엘리트들의 협조에 기인한 것이었다. 그때까지도 여전히 민족주의는 농민들의 것이 아니었다.

루터
1517년 로마 교황청의 면죄부 판매에 항의하기 위해
뷔르템베르크 성벽에 95개조 반박문을 게시하여 로마
교회의 부패와 타락을 비판함으로써 종교 개혁의 물
꼬를 튼 독일의 성직자이다.

카보우르

카보우르Camillo Benso di Cavour(1810~1861)가 생생한 사례이다. 그는 이
탈리아 반도 전체를 통일한다는 생각을 황당한 몽상으로 치부했
던 사람이다. 심지어 그는 피렌체 이남에 가본 적도 없었고 이탈
리아어보다는 프랑스어를 더 편하게 여겼다. 그런데도 카보우르
가 이탈리아 민족 통일의 아버지가 된 것은, 16세기 종교 개혁의
시대에 본인의 의지와는 무관하게 하룻밤 사이에 혁명가가 돼버
린 루터Martin Luther의 경우에 비유될 만한 황당한 일이라고 할 수
있다. 이러한 사실은, 이탈리아 통일이 민족주의의 산물이 아니
며 민족주의의 관점에서는 지극히 불완전한 것임을 암시한다.
그렇기에 카보우르의 정치적 스승이라고 할 만한 온건파 정치가
다첼리오Massimo D'Azeglio는 "이탈리아를 만들었다. 이제 이탈리아
인을 만들어야 할 차례이다"라고 말했던 것이다. 그의 이 말은
이탈리아 통일이 이탈리아 민족과 민족주의를 바탕으로 한 것이
아님을 에둘러 나타내고 있다. 엘리트 수준에서든 민중 수준에
서든 민족주의는 지배적인 원리가 아니었던 것이다.

　그러나 중요한 것은, 이탈리아 리소르지멘토가 민족주의의 승
리로서는 어딘가 미진하지만 여하튼 민족 국가의 수립으로 이어
졌다는 점이다. 다시 말해서, 민족주의와는 전혀 관계가 없는 카
보우르 같은 사람도 본인의 뜻과는 무관하게 민족의 명분과 그
세력을 이용하지 않을 수 없었을 뿐만 아니라 결국 이탈리아 민
족 통일의 아버지로 추대되기까지 한 것이다. 이러한 과정은 당

"이탈리아를 만들었다. 이제 이탈리아인을 만들어야 할 차례이다." 다첼리오의 이 말은 이탈리아 통일이 이탈리아 민족과 민족주의를 바탕으로 한 것이 아님을 에둘러 나타내고 있다. 엘리트 수준에서든 민중 수준에서든 민족주의는 지배적인 원리가 아니었던 것이다.

시 민족의 이념이 거역하기 어려운 시대적 명분이 되어 있었고, 그런 만큼 현실적인 힘으로 작동하고 있었음을 암시한다. 이 점은 다음과 같은 일화에서도 잘 나타난다. 피에몬테가 오스트리아에 맞서 프랑스와 공수 동맹을 체결했을 때, 피에몬테는 그 대가로 (알프스 저편의) 니스와 사보이아 지역을 프랑스에 내주기로 약속했다. 특히 사보이아가 피에몬테 왕가의 발원지였음을 감안하면, 그러한 할양 결정은 쉽지 않았을 것이다(사실, 니스는 불세출의 민족주의자 가리발디의 고향이었다). 그러나 피에몬테 왕가는 프랑스의 현실적인 도움이 절실하기도 했거니와 프랑스인 주민이 대다수인 사보이아 지역을 고집하는 것이 일관된 민족적 원칙에도 맞지 않는다는 점을 인정하지 않을 수 없었다. 즉 다첼리오가 지적했듯이, 알프스 이쪽에서는 민족적 원칙을 적용하면서 알프스 저쪽에서는 민족적 원칙을 무시한다는 따위의 모순적 태도를 보일 수는 없는 노릇이었다.

이러한 맥락에서 역사가 라이올Lucy Riall은 이탈리아의 국가 구성이 왜 하필이면 민족 통일의 형태로 귀결되었는지를 질문해야 한다고 본다. 그러면서 리소르지멘토에서 진정으로 흥미로운 점은, 당면한 정치 위기의 해결책으로서 민족주의의 정당성이 점증해간 것이라고 지적한다. 이는 참으로 적절한 견해이다. 물론 당시에 많은 이들이 떠들어낸 '민족', '조국', '민중'이라는 말들의 정확한 의미를 헤아리기는 쉽지 않다. 똑같은 말을 한다고 해서 다 함께 의미를 공유한다는 보장은 어디에도 없다. 그럼에도 라이올은 민족, 조국, 민중이라는 진부한 상투어들이 그렇게도 자주, 반복해서 발화되고 있었다는 사실 자체가 중요하다고 본다. 상투어들이 계속 말해지면서 점점 그 말들에 들어맞게 현실도 바뀌었다. 요컨대 라이올에 따르면, "상투어들에도 의미가 있게 마련이다. 민족주의의 신화들과 천편일률적 관념들도 그 자체로 일종의 역사적 증거이다"(《리소르지멘토—나폴레옹에서 민족국가까지 이탈리아의 역사Risorgimento : The History of Italy from Napoleon to Nation State》). 이 말은 민족주의의 신화들과 천편일률적인 관념들을 깨부술 필요는 있지만, 그렇다고 민족주의의 구조와 의미, 나아가 호소력과 영향력까지 무시해버려서는 안 된다는 뜻이다. 그렇기는커녕, 민족주의는 진부한 현상일지 모르지만 주목받고 설명되어야 한다. 그런 점에서 이탈리아 통일이 아무리 피에몬테 국가와 소수 엘리트의 행위가 빚은 합작품이라 해도 리소르지멘토와 민족주의 사이의 긴밀한 연관은 깨질 수 없는 것이다.

독일 통일

독일 통일도 이탈리아 통일과 마찬가지로 여러 가지 점에서 민족주의의 직접적 산물처럼 보이지는 않는다. 여기서도 민족 통일 과정에 광범위한 대중적 참여는 결여되어 있었다. 대중의 참여가 있기는커녕 1848년에 프랑크푸르트 의회에 모여 독일의 자유와 통일을 위한 방안을 모색하던 소수의 지식인까지도 프로이센 왕에 의해 철저히 무시되었다. 그 이후에 독일 통일은 융커 출신의 비스마르크Otto von Bismarck가 주도하는 프로이센 군주정의 현실주의——이른바 '철혈 정책'——에 의해 성취되었다. 요컨대 이탈리아가 오스트리아에 맞선 일련의 전쟁을 통해 통일되었듯이, 독일도 덴마크와 오스트리아, 프랑스에 맞선 일련의 전쟁을 통해 통일되었던 것이다. 그런 점에서 통일 민족주의는 항상 전쟁을 수반하는 것 같다.

비스마르크

프로이센의 국기

　이탈리아처럼 독일에서도 민족주의의 상투적 용어들과 관념들이 중요한 역할을 했다. 비록 프랑크푸르트 의회가 무기력하기는 했지만, 독일의 '자유'와 '통일'이라는 민족적 상투어들은 프로이센 군주정조차도 함부로 무시할 수 없는 호소력과 영향력을 발휘한 것이다. 피에몬테의 카보우르가 민족주의자가 아니면서 민족주의를 이용해야 했듯이, 프로이센의 비스마르크도 그래야 했다. 물론 그렇게 해서 이루어진 민족 통일의 현실은 결코 '민족주의적'이지 않았다. 프로이센 주도로 통합된 독일은 1,000만 명에 달하는 오스트리아계 독일인을 배제했다는 점에서 민족적 '과소'를 면치 못했을 뿐만 아니라 250만 명에 달하는 폴란드인 등 소수 민족을 포함했다는 점에서 민족적 '과잉'을 면치 못했으니 말이다. 새로이 출범한 독일 민족 국가는 명백히 민족적 순도純度가 떨어졌던 것이다. 그럼에도, 민족주의의 호소력과 영향력으로 민족주의적 개념과 비민족주의적 현실을 일치시키려는 노력이 줄곧 경주되었다. 그리하여 신생 독일 국가의 문화적 규범에서 일탈한다고 여겨지는 사회주의자와 가톨릭교도, 폴란드인 등 소수파들이 '제국의 적'으로 간주되어 억압되거나 소탕되는 이른바 '문화 투쟁'이 강력하게 전개되었다. 따지고 보면, 나치즘도 그러한 개념과 현실의 강제적 일치를 위한 하나의 시도였다. 통일 과정에서 전쟁이 필요했듯이, 통일 이후에는 폭력이 필요했던 것이다.

이상의 사실로부터 이탈리아에서와 마찬가지로 독일에서도 민족 통일을 전후한 시기에 민족주의가 강점과 약점을 모두 노출하고 있었음을 알 수 있다. 당시 민족주의는 대중을 움직이는 정치적 힘으로는 역부족이었다는 점에서 약점을 안고 있었다. 그것은 대중 동원의 이데올로기가 아니었다. 오히려 카보우르와 비스마르크는 대중 동원에 대해 극도의 경계심과 혐오감을 드러냈다. 그러나 중요한 점은 두 사람 모두 통일을 추구하는 민족주의의 감정적 호소력에 구속받고 있었다는 것이다. 즉 당시 민족주의가 보여준 강력한 수사학과 대중적 인기에서 나오는 정치적 영향력이 무시될 수 없었다는 점에서 민족주의는 강점을 갖고 있었다.

지금까지 이탈리아와 독일의 현대사에 대한 전통적인 지배적

이탈리아와 독일의 통일은 민족주의의 약점과 강점을 동시에 보여주었다. 이탈리아와 독일의 통일은 민족주의의 실패인 동시에 성공의 사례이며, '특수한 길'인 동시에 '정상적 길'의 선례로 간주되어야 한다.

해석들은 주로 민족주의의 약점을 부각해왔다. 그리하여 이러한 약점이 곧 양국에서 파시즘과 나치즘의 대두로 귀결되었다는 식의 상투적인 평가가 내려지곤 했다. 이탈리아 리소르지멘토가 실패하거나 최소한 미완으로 끝났다는 학문적 담론이나 19세기 독일이 영국이나 프랑스와 같은 서유럽 국가들의 경우와는 확연히 구분되는 '특수한 길Sonderweg'을 걸었다는 해석 등이 바로 그것이다. 그러나 최근에는 이탈리아든 독일이든 영국이나 프랑스 등과 큰 차이 없이 비교적 연속적이고도 순조롭게 근대적 발전을 경험했다고 보는 시각이 우세하다. 그런 점에서 이탈리아와 독일의 통일도 영국이나 프랑스의 경우처럼 데모스에 기반을 둔 공민적 민족주의의 산물로 평가된다. 그러나 어떤 시각이든 일면적으로 보인다. 왜냐하면 이미 강조했듯이 이탈리아와 독일의 통일은 민족주의의 약점과 강점을 **동시에** 보여주었기 때문이다. 따라서 이탈리아와 독일의 통일은 민족주의의 실패인 동시에 성공의 사례이며, '특수한 길'인 동시에 '정상적 길'의 선례로 간주되어야 한다. 그런 점에서 이탈리아와 독일의 통일은 아직 민족주의가 지배적이지는 않지만, 곧 지배적으로 되려는 찰나에 발생한 역사적 사건이라고 할 수 있다.

물론 통일 이후에 이탈리아와 독일에서 민족주의의 약점은 점차 극복된다. 양국의 통일이 각각 피에몬테와 프로이센 정부가 주도한 '위로부터의 민족화'에서 파생한 산물로 보이기는 하지만, 통일 이후에 상황은 크게 바뀌기 시작했다. 여기서 주목할 점은 '아래로부터의 민족화'이다. 이는 통일 이후의 19세기 독일 사회에서 광범위하게 확인된다. 특히 영국과의 건함 경쟁이 한창이던 때에 해군 협회 회원 수가 급증하고 선원 복장이 유행한 것, 독일의 상징 아르미니우스(헤르만) 기념비 건립을 위한 모금 활동 등에 독일 청년들이 대대적으로 참여한 것 등은 아래로부터의 민족화를 보여주는 흥미로운 사례로 거론될 만하다. 그렇다면 독일 국가가 주도한 '대중의 민족화' 과정에 독일 대중이 자발적이고 능동적으로 참여한 과정 자체가 진지하게 논의되어야 한다('대중의 민족화'라는 개념에 대해서는 조금 뒤에 자세히 소개할 것이다). 민족주의에는 항상 대중의 방관이 아니라 헌신이 필요했으니 말이다. 바야흐로 19세기 후반에 민족주의는 대중의 열정을 결집하는 민족 국가의 깃발이 되었고, 특히 민족 국가가 채 수립되지 못한 지역에서 그 깃발은 더 요란하게 휘날리게 된다.

2

민족주의의 극성

민족적 상상계의 부상

적어도 프랑스에서 '민족주의'라는 말이 본격적으로 사용되기 시작한 시점이 1870년대였음은 앞에서 말한 바와 같다. 이처럼 민족주의라는 말이 뒤늦게 19세기 후반이 되어서야 일반화되었다는 사실은 우리에게 중요한 점을 시사한다. 즉 그때까지만 하더라도 민족주의는 많은 이들에게 생경한 말이었고 쉽고 편히 사용하기엔 어딘지 망설여지는 데가 있는 말이었다는 점이다. 이미 언급했듯이, '민족주의자'가 아니라 '애국자'를 자처한 마치니의 경우가 그 점을 잘 보여준다. 민족주의는 강한 의미에서든 약한 의미에서든 부정적인 용어로 통하고 있었던 것이다.

그러던 것이 19세기 후반의 어느 시점부터는 민족주의가 너도나도 흔들어대는 낯익은 깃발이 되기 시작했다. 특히, 오스트리아나 오스만 터키와 같은 전통적 제국들이 온존하던 동유럽에서 분리 독립을 위한 정치 행동에서 민족주의 이데올로기는 극히 중요한 기능을 수행했다. 즉 민족주의는 제국에 예속된 소수 민족들에게서 지식인들의 협력과 대중 동원을 이끌어내는 구심점이자 국제 관계에서 다른 민족들의 인정을 얻어내는 정당성의 근거로 기능했다.

민족주의는 민족 국가 수립을 위한 정치 행동의 원리 원칙이 되었다. 오스트리아 제국에서는 헝가리인과 체코인을 비롯한 여러 소수 민족들이 분리주의의 기치를 들었고, 오스만 제국에서는 그리스인과 세르비아인을 비롯한 여러 소수 민족들이 그러했다. 이러한 분리 독립을 위한 정치 행동에서 민족주의 이데올로기는 극히 중요한 기능을 수행했다. 즉 민족주의는 제국에 예속된 소수 민족들에게서 지식인들의 협력과 대중 동원을 이끌어내는 구심점이자 국제 관계에서 다른 민족들의 인정을 얻어내는 정당성의 근거로 기능했다. 이 동유럽 소수 민족들에게 독립적인 민족 국가의 수립은 도달해야 할 목표 지점이었다. 이미 그 목표 지점에 도달한 서유럽 국가들에게도 동유럽의 상황에 대한 평가 기준은 민족 국가의 수립 여부였다. 그래서 서유럽 국가들이 종족이 뒤섞여 있는 동유럽의 현실을 무시한 채 탁상공론 식으로 추상적인 1민족 1국가의 원칙을 적용해 민족 영토의 경계를 자의적으로 구획함으로써 동유럽의 민족 갈등이 증폭되기도 했다.

제1차 세계 대전은 민족주의가 극성기에 접어드는 전환점이 되었다. 전후에 오스트리아 제국과 오스만 제국은 해체되고 민족 자결의 원칙에 따라 신생 민족 국가들이 탄생하여 유럽의 지도가 다시 그려졌다. 그러나 여전히 1민족 1국가라는 원칙은 추상적일 뿐이어서 구체적 현실에 단순 명쾌하게 적용될 수 없었다. 가령 신생 유고슬라비아에서는 세르비아인과 크로아티아인

제1차 세계 대전의 계기가 된 사라예보 사건. 세르비아의 민족주의자 청년이 오스트리아-헝가리 제국의 황태자 부부를 암살한 후 경찰에 붙잡힌 모습

과 슬로베니아인이 대립했고, 체코슬로바키아에서는 체코인과 슬로바키아인이 반목했다. 영토가 크게 축소된 터키에는 그리스인과 불가리아인이 대거 남아 있었고, 이러한 민족적 혼합은 어디서나 흔하게 볼 수 있는 광경이었다. 따라서 1민족 1국가라는 민족주의의 원칙을 지키기 위해 (그리스와 터키 사이에) 주민 강제 송환이나 심지어 (아르메니아인에 대한 터키의) 종족 학살이 자행되기도 했다. 개념이 현실을 따라가는 것이 아니라 개념에 맞게 현실을 재단하는 어처구니없는 사태가 곳곳에서 벌어진 것이다. 그럼에도 민족주의의 원칙은 국제 관계에서 통용되는 보편적 기준이 되었고, 그 누구도 민족 국가 건설의 당위성에 도전할 수

아르메니아인 학살

없었다. 민족주의가 유일하게 정당한 언어가 된 것이다.

　그런데 동유럽에서 민족주의의 원칙이 정당성을 획득함과 동시에 민족 분규가 극에 달하자, 역설적이게도 서유럽에서는 가뜩이나 부정적인 의미를 내포하던 '민족주의'가 더욱더 회피하고 싶은 말이 되었다. 서유럽에서 민족주의는 혼란과 무질서를 야기하는 후진적이고 반동적인 경향을 대표했다. 이러한 개념의 감수성은 가령 제2차 세계 대전 이후 아시아와 아프리카에서 민족 건설 붐이 일어났을 때에도 다시 한번 확인된다. 그때에도 민족주의는 서유럽인들과 미국인들에게는 (공산주의라는 말만큼이나) 두려움과 혐오감을 주는 말이었다. 그런 가운데 서유럽과 미국은 민족주의라는 전염병에 면역되어 있다는 사고가 나타났고, 설령 이곳에 민족주의가 있더라도 동유럽이나 제3세계의 '뜨거운' 종족적 민족주의가 아닌 '냉철한' 공민적 민족주의, 혹은 건전한 애국주의가 있을 뿐이라는 생각이 정당화되었다.

서유럽에서는 공민적 민족주의가 안정된 방식으로 전개되었고(여기서
는 민족주의의 깨끗한 깃발이 관공서 위에서 한가롭게 펄럭인다), 동유럽에
서는 종족적 민족주의가 격렬한 방식으로 분출되었다(여기서는 민족주
의의 피 묻은 깃발이 바리케이드 위에서 격렬히 나부낀다).

그러나 이러한 민족주의의 유형적 차이는 실상 민족 국가가
민족주의가 유행하기 전에 수립되었느냐 그 후에 수립되었느냐
의 차이에서 기인한다. 곧 민족 국가의 수립 시점이 중요하다는
말인데, 서유럽과 달리 동유럽에서는 민족 국가 수립이 민족주
의라는 말이 번성한 후에 이루어졌다. 달리 말하자면, 서유럽과
달리 동유럽에서는 강력한 민족주의적 자의식 속에서 민족 국가
수립이 추진되었다. 그래서 서유럽에서는 공민적 민족주의가 안
정된 방식으로 전개되었고(여기서는 민족주의의 깨끗한 깃발이 관
공서 위에서 한가롭게 펄럭인다), 동유럽에서는 종족적 민족주의가
격렬한 방식으로 분출되었다(여기서는 민족주의의 피 묻은 깃발이
바리케이드 위에서 격렬히 나부낀다). 이렇게 보면, 이탈리아와 독
일은 서유럽 유형과 동유럽 유형의 중간형, 굳이 표현하자면 중
유럽 유형에 속한다고 하겠다. 이야기를 좀 더 보태면, 민족 국
가가 일찍 수립된 서유럽은 주로 이민을 수용하는 쪽이었고, 민
족 국가가 늦게 수립된 동유럽은 이민을 방출하는 쪽이었다. 한
편, 이탈리아와 독일은 20세기 전반기까지 주로 이민을 방출하
는 쪽이었지만, 동유럽보다는 이른 시점에 민족 국가를 수립했
다. 요컨대 이민의 수용/방출 여부, 민족 국가의 수립 시점이 민족주
의의 유형적 특성을 결정한다고 하겠다.
　　그런데 민족주의의 유형적 특성보다 더 중요한 것은, 19세기
후반 이후에 민족주의가 서유럽에서건 동유럽에서건 공히 거역

할 수 없는 명분이자 세력으로 부상했다는 점이다. 다시 말하면, 이데올로기적 입장에 상관없이 민족주의가 그 모든 이데올로기의 저변에서 작동하면서 막강한 영향력을 행사하게 되었다는 점이다. 유럽 각국의 지배적인 이데올로기 조류들인 영국 자유주의, 프랑스 보수주의, 독일 사회주의 모두에 민족주의 어휘와 문법, 표상과 감각이 침투했다. 슈테거Manfred Steger와 같은 연구자는 이를 '민족적 상상계의 부상'이라고 요약하기도 한다. 그에 따르면, 19세기 후반에 영국의 자유주의자들인 밀John Stuart Mill과 그린 T. H. Green, 홉하우스L. T. Hobhouse 등이 보여주었듯이, 시민적 자유를 보장하기 위해서는 오히려 국가의 간섭이 필요하며 이 국가는 민족에 바탕을 둔다는 인식이 명확해졌다. 또한, 같은 시기에 프랑스 보수주의는 종족적 성격의 민족주의 담론으로 변형되었다. 고비노Arthur de Gobineau가 민족의 본질을 단일한 에트노스에서 찾는 인종주의 이론을 발전시키고 바레스Maurice Barrès가 '흙'에 바탕을 둔 원초적 감정을 민족의 근원으로 설정한 것 등이 바로 그런 사례이다. 그런가 하면 독일에서도 사회주의자들은 결국 1914년 8월에 제1차 세계 대전의 민족주의적 광풍 속에 휘말려 들었다. 요컨대 슈테거에 따르면, "사회주의자(혹은 보수주의자 혹은 자유주의자)가 되기 위해서는 **먼저** 독일인(혹은 영국인 혹은 프랑스인)이 **되어야 했다**"(《세계적 상상계의 부상Rise of Global Imaginary》).

이러한 시각에서 보면, 보수주의와 자유주의, 사회주의와 같

슈테거

은 대표적인 근대 이데올로기들은 결국 민족주의라는 상상계의 번역본들이었을 따름이다. 다시 말하면, 19세기 후반 이후에 민족주의는 여타의 모든 이데올로기의 저변에 존재하는 인식과 표상과 감각의 모체, 즉 민족적 상상계로서 자리 잡게 되었고, 이 모체를 특정한 방식으로 해석한 것이 바로 보수주의와 자유주의, 사회주의와 같은 이데올로기들이었다는 것이다. 그런 점에서 상상계란 이데올로기들의 모체이다. 상상계라는 개념이 다소 모호하긴 해도 민족적 상상계란 말이 적실하다고 여겨지는 것은, 어떻게 보면 민족주의가 그 자체로서 현실로 완전히 정착하지는 못했지만 어쨌든 사람들의 상상력과 언어생활을 장악했다는 점만큼은 제대로 포착하기 때문이다. 즉 민족적 상상계 속에 살면서 사람들은 민족주의적 개념에 병적으로 집착하여 민족 담론을 남발하며 급기야 현실을 개념에 맞추려는 무모한 노력을 불사하기도 했다는 것이다. 그러한 병적일 정도의 무모함은 20세기 초반에 등장한 새로운 정치 운동인 파시즘과 나치즘에서 극적으로 나타난다. 물론 파시즘과 나치즘도 민족적 상상계에 대한 특이한 번역이었음은 두말할 필요가 없다.

파시즘과 나치즘

파시즘과 나치즘만큼 정체가 모호한 정치 이데올로기 · 운동은

달리 없는 듯하다. 그렇기에 이것들이 그동안 학계에서 치열한
논쟁의 대상이 되었음은 익히 알려진 사실이다. 여기서 파시즘
과 나치즘을 둘러싼 쟁점과 논쟁을 소개할 의도는 없다. 다만,
여기서는 파시즘과 나치즘이 민족주의와 맺고 있는 관계에 집중
하고자 한다. 이때 파시즘과 나치즘은 무엇보다 극단적인 형태
의 민족주의라고 말할 수 있다. 그러나 이렇게만 규정하면, 기타
국수주의나 자민족 중심주의, 혹은 인종주의 등과 잘 구별되지
않을 것이다. 파시즘과 나치즘이 극단적 민족주의이되, 그 부류
의 다른 이데올로기나 운동과는 구별되는 어떤 고유한 특징을
가졌는지가 이야기되어야 한다.

 이 문제에 대해서는 조지 모스George L. Mosse의 논의가 흥미로운
출발점을 제공한다. 그의 견해는 처음 개진되었을 당시만 해도
이단적인 것으로 간주되었으나, 최근에는 파시즘과 나치즘에 대
한 해석의 준거로서 자주 인용되고 있다. 그는 특히 독일 나치즘
에 주목하면서, 이 독특한 정치적 이데올로기이자 운동을 이른
바 '대중의 민족화nationalization of the masses'라는 역사적 맥락에서 파
악하고자 했다. 그는 루소Jean-Jacques Rousseau 이래로 근대적 주권
정치의 원리로서 일반 의지가 민중이 숭배하는 일종의 세속 종
교가 되었음을 간파하고, 나치즘이 이를 공식화했다고 보았다.
이제 민중은 신이나 왕이 아니라 스스로를 숭배하기 시작했고,
이것의 절정이 바로 나치즘이 대표하는 '새로운 정치'였다는 것

조지 모스

'대중의 민족화'는 위에서 아래로의 일방적인 하향식 과정이 아니었다. 파시즘과 나치즘은 아래로부터의 민족화 과정에 편승하고, 나아가 그 과정을 촉진했다. 히틀러와 무솔리니는 대중 '위'에 군림한 독재자가 아니라 대중 '속'에 스며든 독재자였던 것으로 보인다.

이다. 이처럼 세속적인 대상을 종교적으로 숭배하기 위해서는 환희와 영감을 불러일으키는 신화와 상징이 필요했다. 특히 민족적 신화와 상징을 통해 시민을 민족으로 분장시키는 일이 필요했다. 나치즘은 민족 숭배와 아리안 숭배를 민족적 전례 의식으로 탁월하게 대중화했다.

그런데 유의해야 할 점은, 모스가 말한 파시즘과 나치즘의 '대중의 민족화'가 위에서 아래로의 일방적인 하향식 과정은 아니었다는 것이다. 오히려 최근의 많은 연구들이 주목하는 바는, 파시즘과 나치즘이 (그 이전 시대부터 확인될 수 있는) 아래로부터의 민족화 과정에 편승하고, 나아가 그 과정을 촉진한 과정이었다는 것이다. 가령 이탈리아의 파시스트 지도자 무솔리니Benito Mussolini(1883~1945)와 독일의 나치 지도자 히틀러Adolf Hitler(1889~1945)는 역사 속에 자주 출몰하는 통상적인 독재자들과는 유형이 확실히 다르다. 이들은 대중 '위'에 군림하는 독재자가 아니라 대중 '속'에 스며든 독재자였던 것으로 보인다. 가령 히틀러는 이상적인 독일인 상의 현시로 간주되었다. 요컨대 그는 독일인들 하나하나를 표상한 존재로서, 독일인 개개인은 히틀러라는 거울에서 그 자신을 보았던 것이다. 왕의 몸이 국가를 육화하던 절대주의 시대가 저문 이후에 주권자로서의 민중이 추상화되면 될수록 민중에게는 더욱더 구체적인 표상이 필요했던 것이다. 바로 이러한 측면에서 히틀러가 국민을 선택했다기보다는 오히려 국

무솔리니와 히틀러

파시즘과 나치즘이 민족주의의 역사적 발전에 대해 갖는 의미는 무엇보다 '새로운 정치'가 대중 정치의 실험을 통해 민족주의를 활성화하여 민족주의의 극성기를 불러온 데 있다. 그리고 이러한 실험이 당시에 대내외적으로 호평을 받았다는 점도 아울러 기억할 필요가 있다.

민에 의해 선택되었다고 말하는 것도 가능하다. 히틀러와 무솔리니가 국민에 의해 선택된 만큼 쉽사리 버림받을 수도 있었음은 물론이다.

　요컨대 파시즘과 나치즘이 민족주의의 역사적 발전에 대해 갖는 의미는 무엇보다 '새로운 정치'가 대중 정치의 실험을 통해 민족주의를 활성화하여 민족주의의 극성기를 불러온 데 있다. 그리고 이러한 실험이 당시에 대내외적으로 호평을 받았다는 점도 아울러 기억할 필요가 있다. 특히 1930년대에 파시즘의 '성지' 로마는 새로운 정치의 실험실로서 단연 전 세계적인 주목을 끌었다. 이러한 맥락에서 무솔리니는 영국의 처칠Winston Churchill과 같은 당시 유럽과 미국의 주요 정치인들로부터 혁신적이고도 진지한 정치가라는 후한 평가를 받기도 했다. 히틀러도 예외가 아니어서, 베를린 주재 미국 대사는 당시 루스벨트Franklin D. Roosevelt의 뉴딜 정책과 히틀러의 정책 사이의 '유사성'을 특별히 강조하기도 했다. 루스벨트와 히틀러의 유사성뿐만 아니라 루스벨트와 무솔리니의 유사성도 부각되었음은 물론이다. 당시 독일의 한 일간지는 루스벨트를 "인민들을 공동체적 삶의 새로운 단계로 이끌고 갈 총통이자 개혁가"로 치켜세웠다. 그런가 하면 무솔리니는 자신과 루스벨트의 유사성을 강력하게 의식하면서 이렇게 논평했다. "루스벨트는 독자들에게 청년의 결단성과 남성다운 절제심을 가지고 맞서 싸울 것을 촉구한다. 이러한 호소는 파시

루스벨트

즘이 이탈리아 인민들을 자각시켰을 때 사용했던 방법과 수단을 연상시킨다."* 이러한 사실들은 파시즘의 민족주의적 대중 정치가 당시 유럽과 미국에서 상당한 호소력과 설득력을 발휘했고, 그런 만큼 일정한 정치적 합의를 창출하고 있었음을 암시한다.

이 대목에서 한 가지 사실을 추가로 기억할 필요가 있다. 당시에 공산주의 역시 파시즘과 나치즘, 뉴딜 정책과 유사한 또 다른 정치적 실험으로 여겨졌다는 사실이다. 짧은 한때이기는 했지만, 이탈리아 파시스트들과 소련 공산주의자들이 강한 동질감을 느끼면서 서로를 '동지'로 불렀다는 사실, 로마와 모스크바가 동격으로 새로운 문명의 용광로로 간주되었다는 사실에 주목할 필요가 있다. 그렇다면 무엇이 이 상이한 이데올로기들과 운동들을 한데 엮어주었는가? 그것은 두말할 필요 없이 1930년대에 위기에 빠진 서유럽과 미국의 자본주의에 대한 실망감과 자유주의적 자본주의의 문화적 상부 구조인 '부르주아적' 생활 방식에 대한 혐오감이었을 것이다. 경제에 대한 국가의 개입과 민족주의적 평등주의는 당대의 그러한 반부르주아적 정서에서 양분을 섭취하고 있었음에 틀림없다. 그리고 그러한 정서는 일부 식자층에 국한되지 않고 대중적으로 폭넓게 공유되고 있었던 것으로

---

* 볼프강 쉬벨부시, 《뉴딜, 세 편의 드라마─루스벨트의 뉴딜, 무솔리니의 파시즘, 히틀러의 나치즘》, 차문석 옮김(지식의풍경, 2006), 48~51쪽.

뉴딜 정책. "정부의 정치 철학에서 소외된 국민들은 국부 분배에 있어 더욱 공정한 기회와 질서를 원하고 있습니다……저는 미국인을 위한 뉴딜을 맹세합니다. 이것은 정치적 캠페인보다 전투에 가까운 것입니다."(루스벨트, 대선 후보 수락 연설 중)

보인다. 제2차 세계 대전 당시에 독일군 사병으로 동부 전선에서 복무한 청년들은 치열한 전투의 와중에도 히틀러가《나의 투쟁 Mein Kampf》에서 역설한 부르주아에 대한 투쟁과 민족주의적 평등주의의 이상을 기억해내며 자신들의 끔찍한 고통을 상쇄시켰다. 예컨대, 기 사예르의《잊혀진 병사》에 나타난 것처럼, '모든 동료를 책임질 수 있는 영웅적인 동정심'을 고취해 서로 단결하고, 부르주아적 관료들의 '매점물을 강탈하는 것이 정당하다'며 스스로를 변호하고자 했던 것이다.

　물론 파시즘과 나치즘의 반부르주아 성향이 얼마만큼 일관된 것이었고 진지한 것이었느냐는 또 다른 문제이다. 중요한 것은 파시즘과 나치즘의 민족주의적 평등주의가 호네스티오레스와 후밀리오레스를 통합하는 강력한 기치로 내세워지고 그러한 뜨거운 열정이 자본주의의 냉혹한 이해타산을 일시적으로나마 삼켜버릴 듯한 기세로 넘쳐흐르고 있었다는 점이다. 이미 앞에서 민족 형성의 요인을 논할 때, 자본주의의 원자화와 민족주의의 파시즘과 나치즘은 전쟁을 도발하고 각종 소수 민족 및 인종에 대한 학살을 자행함으로써 전후에 철저히 악마화되었고, 이 과정에서 민족주의라는 말도 도매금으로 넘겨져 가급적 기피해야 할 용어로 전락했다.

피카소, 〈게르니카〉(1937). 1937년 4월 에스파냐 내전 당시 나치 독일군에게 무차별 폭격당한 도시 게르니카. 악마화된 파시즘이 부른 참상이 여실히 드러나 있다

연대성은 필수적으로 상호 보완의 역할을 수행한다고 지적한 바 있다. 파시즘과 나치즘의 사례가 보여주는 바는, 민족주의가 자본주의를 보완할 뿐만 아니라 극단화되면 자본주의와 충돌할 수도 있다는 점이다. 이미 언급했듯이, 서유럽인들과 미국인들에게 민족주의가 공산주의와 마찬가지로 많은 경우에 두려움의 대상이 된 것도 이러한 연유들과 무관하지 않을 것이다.

그러나 파시즘과 나치즘의 잠재적 반자본주의·반부르주아 성향은 결국 자본주의와의 타협으로 귀결되었다. 파시즘과 나치즘이 이념적으로나 언어적으로 추구했던 사회 혁명은 실현되지 못했다. 논란의 여지는 있지만, 많은 학자들이 파시즘과 나치즘을 '립 서비스'로 보는 이유가 여기에 있다. 더구나 파시즘과 나치즘은 전쟁을 도발하고 각종 소수 민족 및 인종에 대한 학살을 자행함으로써 전후에 철저히 악마화되었고, 이 과정에서 민족주

의라는 말도 도매금으로 넘겨져 가급적 기피해야 할 용어로 전
락했다. 요컨대 파시즘과 나치즘이라는 극단적 민족주의는 가뜩
이나 얼룩이 많았던 '민족주의'를 더욱 얼룩지게 한 주범이었던
것이다. 특히 전범국인 이탈리아와 독일에서는 '민족'이라는 말
조차 금기시되었고, 과거는 '청산'되어야 할 어떤 것으로 간주되
었다. 그리하여 전후에 양국에서 정치의 관건은 '유럽'이라는 우
회로를 따라 붕괴한 민족 국가를 재건하는 일이었고, 이를 위해
타국과 이해관계를 조정하는 일이었다. 유럽 통합이 진전된 것
도 정확히 이러한 맥락에서였다. 말하자면, 민족적 상상계가 점
차 초민족적·탈민족적 상상계에 자리를 내주고 있었던 것이다.

파시즘과 민족주의

파시즘은 천의 얼굴을 가진 정치 현상이다. 파시즘이 혁명인지 반혁명인지, 좌파인지
우파인지조차 확실하게 말할 수 없게 하는 측면들이 많다. 그래서 파시즘에 대한 적
극적인(긍정적인) 정의를 포기하고 소극적인(부정적인) 정의로 만족할 수밖에 없다고 보
는 사람들도 많다. 그렇다면 파시즘은 무엇인가 하는 질문보다는 파시즘은 무엇이
아닌가 하는 질문이 던져져야 할 것이다. 그럼에도, 파시즘을 민족주의와의 연계 속
에서 민족주의의 극단적이고도 혁명적인 형태로 파악하는 견해가 최근에 우세해지고
있다. 다음 글에 나타난 파시즘의 정의는 그러한 최근의 연구 성과들을 반영한다. 물
론 이 정의에도 논란의 여지가 많겠지만, 중요한 것은 파시즘을 정의하기 위해서는
어쨌든 민족주의를 고려해야 한다는 점이다. 이러한 파시즘과 민족주의의 연계 때문
에 민족주의의 위험성이 크게 부각되곤 한다. 그렇다고 파시즘과 민족주의를 동일시
하는 태도는 완전히 잘못된 것이다. 필요한 것은 민족적 상상계에서 파시즘이라는
변종이 배양되는 특이한 환경적 조건들을 이해하는 일이다.

파시즘은 무엇보다 극단적인 민족주의이다. 특히 각종 근대적 이기를 활용하면서 대중
을 광범위하게 조직하고 동원하는 민족주의이다. 그리고 파시즘은 민족주의인 한에서
계급 분열의 현실을 유기적인 민족적 이해관계를 통해 초월하려고 했고, 이를 위해 종
종 과거로 역진해 각종 신화와 상징과 전통을 들추어내고 심지어 만들어내기도 했다.
'재생'의 모티프가 파시즘을 지배하고 있다고 여기는 까닭이다. 이와 동시에 파시즘은
선행하는 자유(민주)주의적 의회 체제, 나아가 자유주의의 토대인 개인주의적(부르주아
적) 삶의 방식에 대한 부정이기도 하다. 물론 그와 같은 부정이 얼마나 철저한(또는 불
철저한) 것이었는지의 문제는 별도로 따져봐야 하겠지만 말이다. 이러한 측면에서 파시
즘은 자유주의를 (완전하게든 불완전하게든) 경험한 후에 나타날 수 있는 현상으로 보인

다. 또한 파시즘이 사적 영역과 공적 영역의 구분을 철폐하려는 전체주의적 기획의 한 형태라는 생각도 정확히 그러한 맥락에서 중요한 의미가 있다. 이렇게 보면, 잠정적으로 파시즘은 탈자유주의적post-liberal 민족주의의 극단적인 형태라고 정의될 수 있을 것이다.

— 장문석, 《파시즘》(책세상, 2010), 143쪽에서

4장

민족주의의 전망

1

세계적 상상계의 부상

세계주의 혹은 세계적 상상계

유럽에서 파시즘과 나치즘, 전쟁과 학살을 거치며 민족주의에 온갖 먼지와 때가 끼었음은 이미 지적한 그대로이다. 비록 파시즘과 민족주의가 동일하지 않다는 것은 자명한 사실이었지만, 파시즘이 민족주의를 모체로 하고 있다는 것 또한 누구나 알고 있었다. 전후 유럽에서 민족주의는 그 자체로 파시즘처럼 악마화되지는 않았지만, 파시즘을 떠올리게 하는 부정적인 이미지를 얻게 되었다. 그래서 민족주의라는 말 대신에 애국주의(애국심)라는 말이 선호되기도 했다. 애국주의는 민족주의의 부정적인 면을 털어내고 오직 좋은 점만을 취한 어떤 것으로 이해되었다. 그러나 비판적이고 다소 냉소적인 지성의 소유자들은 양자 사이에 실체적 차이가 있다는 점을 자주, 그리고 심각하게 의심하곤 했다. 폴란드 출신의 사회학자 지그문트 바우만은《액체 근대》라

"민족주의는 거슬리는 애국심이고, 애국심은 선호되는 민족주의이다."

—바우만

는 책에서 "민족주의는 거슬리는 애국심이고, 애국심은 선호되는 민족주의이다"라고 말한다.

그런데 민족주의의 효력을 더욱더 깎아내린 힘은 단연 세계화였다. 즉 인간과 물자의 범세계적 순환이 세계가 민족들로 나뉘어야 할 더 이상의 이유가 없음을 강력히 시사했던 것이다. 세계화가 언제 시작되었는가에 대해서는 논란이 많다. 15세기 후반 신항로 개척 시기부터 시작되었다는 논자도 있고, 19세기 후반 교통 통신 혁명부터 시작되었다는 논자도 있다. 이러한 주장 모두 근거도 있고 일리도 있다. 그러나 제2차 세계 대전이야말로 어떤 의미에서 세계화의 진정한 전환점이었다. 제1차 세계 대전이 민족 국가 형성의 전환점이었다면, 제2차 세계 대전은 세계화 추세의 전환점이었다. 우리는 제1차 세계 대전을 '세계 대전World War'이라고 부르지만 실상 이는 잘못 붙여진 이름이며, 유럽 차원의 '대전Great War'이라고 부르는 것이 마땅하다. 진정한 의미의 '세계 대전'은 명백히 제2차 세계 대전에만 해당할 것이다. 제2차 세계 대전의 주요 전투지였던 북아프리카의 엘알라메인이나 태평양의 미드웨이 등은 그 이전까지만 해도 '오지'에 불과한 지역들이었다. 절대다수의 사람들은 아마 그런 지명을 들어본 적도 없었을 것이다. 그러나 그런 낯선 지역들에서 벌어진 전투가 전 인류의 운명을 판가름했다. 바로 이런 것이 세계화였다. 그런가 하면 일본 병사들이 미얀마를 침공해 카렌 족과 난생 처음 조

세계주의

세계화를 추진하는 이데올로기적 기획을 말한다. 세계화를 경제적·물질적 과정으로 보는 것이 세계화에 대한 객관적 접근법이라면, 언어와 담론이 형성되고 확산되는 과정으로 보는 것은 주관적 접근법이라고 할 수 있다. 중요한 것은, 세계화에 대한 언어와 담론도 세계화 현상 그 자체의 일부를 구성한다는 점이다.

그러므로 삶의 현실로서의 세계화에 대한 연구는 필시 세계주의라는 이데올로기적 기획에 대한 연구를 포함한다. 한편, 'globalization'은 '지구화'로 번역하는 것이 최상이지만, '세계화'라는 번역어가 굳어져 있어 번역어를 바꾸기가 쉽지 않다. 'globalization'과 짝을 이루는 'globalism'도 '지구주의'로 번역하기보

우하고 미국의 흑인 병사가 점령군으로서 이탈리아 스타일에 익숙해진 것은 순전히 제2차 세계 대전 때문에 가능했던 일이다. 또한 전쟁 직후에 외국에 대한 관심이 폭발적으로 증대되어 대중적 관광이 진정한 의미에서 성황을 이루고, 이것이 제트 여객기의 등장으로 뒷받침되는 등 제2차 세계 대전은 어떤 의미에서든 세계화의 진정한 분기점이었다고 할 수 있다.

그런데 문제가 세계화가 아니라 세계주의globalism라면 사정은 조금 다르다. 가령 19세기 후반에 세계화가 강력히 추진되었지만, 당시의 지배적인 담론은 세계주의가 아니라 민족주의였다. 그런데 1945년 이후의 세계화는 세계주의라는 공적 담론을 수반했다. 그것이 과거의 세계화——'세계주의 없는 세계화'——와 비교할 때 드러나는 결정적 차이점이다. 다시 말해서, 오늘날 세계화의 가장 큰 특징은 누구나 세계화를 말하고 있다는 사실에 있다. 그리하여 세계화가 실상 얼마나 진척되었느냐, 얼마나 강력한 힘을 발휘하고 있느냐에 상관없이 사람들은 세계화를 하나의 거역할 수 없는 대세로 여기며 이로부터 탈락하는 것을 두려워하고 수치스러워하게 되었다. 세계화 그 자체가 온통 사람들의 인식의 공간과 상상의 세계를 점거하고 지배하는 것이다. 그렇다면 오늘날의 세계화는 객관적·경제적(물질적) 과정일 뿐만 아니라 주관적·언어적(이데올로기적) 과정이기도 하며, 실상 이 후자의 측면에서 더 도드라지는 것이다.

다는 '세계주의'로 번역할 수밖에 없다. 다만 '세계주
의'는 지나치게 정치 이데올로기나 강령의 느낌을 준
다는 단점이 있으므로 '세계화론'이라는 번역어도 고
려해볼 수 있다.

앞에서도 언급된 슈테거는 이러한 전후 맥락을 고려하면서
1945년 이후에 이른바 세계적 상상계global imaginary가 본격적으로
부상했다고 주장한다. 마치 1789년 이전에 '민족'의 담론이 폭
발하고 민족의 실재가 상상되었듯이, 1945년 이후에 구球 모양의
'세계'가 표상되고 세계화의 담론이 폭발했다는 것이다. 그는 특
히, 1970년대 이후로 신자유주의적 세계화가 진척되면서 이른바
'시장 세계주의market globalism'가 지배적인 담론으로 정립되고 이
에 첨예하게 대항하며 이슬람권의 범세계적 연대를 표방하는
'지하드 세계주의jihad globalism'와 자유 경쟁적 시장 자본주의에 대
한 범세계적 비판을 요구하는 '정의 세계주의justice globalism'가 반정
립되는 과정에서 세계주의가 전 지구를 일주하게 되었음을 지적
한다. 이제 민족적 상상계에 바탕을 둔 보수주의, 자유주의, 사회
주의라는 전통적인 이데올로기들은 퇴조하고 세계적 상상계에
바탕을 둔 21세기형 이데올로기 지형이 등장했다는 말이다.

그리하여 세계적 상상계라는 표현을 쓰든 세계주의라는 표현
을 쓰든 간에 중요한 것은, 오늘날 세계화의 담론과 표상이 우리
의 인지력과 상상력을 집어삼키는 시대가 도래하고 있다는 사실
이다. 그렇다면 민족주의 혹은 민족적 상상계는 오늘날 소진되
었는가? 그러한 민족주의의 쇠퇴가 1945년 이후의 현대 세계의
주요한 특징인가? 민족 국가의 정당성이 부정되고 세계화의 강
풍 앞에서 민족 국가가 한낱 퇴물로 전락하고 있는 게 오늘날의

제2차 세계 대전 당시 스탈린그라드 전투에서의 소련군(위)과 북아프리카 엘알라메인의 영국 보병(아래)

제1차 세계 대전이 민족 국가 형성의 전환점이었다면, 제2차 세계 대전은 세계화의 진정한 분기점이었다. 19세기 후반에 추진된 세계화의 지배 담론이 민족주의였다면, 1945년 이후의 세계화는 세계주의라는 공적 담론을 수반했다. 오늘날 세계화의 가장 큰 특징은 누구나 세계화를 말하고 있다는 사실에 있다.

세계화의 역동성이 야기하는 삶의 불안정성은 민족주의와 인종주의를 비롯하여 향수를 불러일으키는 각종의 보수적이고 심지어 퇴행적인 공동체주의를 그 어느 때보다도 더 의지하고 싶은 삶의 버팀목이자 감정적 도피처로 보이게 한다. 이것이 세계화의 역설이다.

현실인가?

반드시 그렇지는 않은 것 같다. 바로 앞에서 언급했듯이, 세계화가 크게 진전된 19세기 후반에 오히려 민족주의 담론과 이데올로기가 극성을 부리기 시작했다는 것은 필경 '세계주의 없는 세계화'의 예증으로서, 객관적 추세로서의 세계화가 반드시 주관적 담론으로서의 세계주의를 수반하지는 않는다는 사실, 나아가 세계화와 민족주의는 얼마든지 양립 가능하다는 사실을 에둘러 보여준다. 그런가 하면 20세기 후반에 전 지구에 울려 퍼진 세계주의의 합창에도 불구하고 일부 학자들은 객관적인 세계화의 진척 정도를 의심하는데, 이 경우에 세계화는 곧 '세계화 없는 세계주의'와 다름없을 것이다. 그리고 이는 주관적 담론으로서의 세계주의가 반드시 객관적 추세로서의 세계화를 반영한 것은 아니라는 사실, 나아가 세계주의 담론과 민족 국가의 현실은 얼마든지 양립 가능하다는 사실을 에둘러 보여준다.

기실, 세계화가 진전되면 될수록 민족주의는 더욱 강력하게 번성할 자양분을 얻게 되는 것 같다. 세계화가 몰고 오는 가장 큰 변화는 이동과 변화의 기회가 극대화되는 만큼 삶의 '불안정성'도 급증한다는 것이다. 또한 일부 논자들은 신자유주의적 세계화의 추진 전략, 즉 작금의 세계주의가 보여주는 가장 큰 특징을 "시민 사회 운동들의 집합 권력을 침해하는 전략으로서 불안정성을 의도적으로 제조하는 것"에서 찾기도 한다. 그리고 이렇게

세계화의 단면. 불타는 브라질의 아마존 열대 우림. 목장과 콩 재배 농장 용도로 매일 7만 헥타르의 숲이 사라지고 있다

삶의 불안정성이 깊어질수록 사람들은 당연히 "친숙한 것들, 즉 자신들의 나라, 자신들의 이웃, 자신들의 고향, 자신들의 가족, 그리고 때때로 자신들의 '인종' 속으로 퇴각하는 경향"이 있다는 것이다.* 물론 그러한 '친숙한 것들'의 목록에서 민족이 빠질 리 만무하다. 그러므로 세계화의 역동성이 야기하는 삶의 불안정성은 민족주의와 인종주의를 비롯하여 향수를 불러일으키는 각종의 보수적이고 심지어 퇴행적인 공동체주의를 그 어느 때보다도 더 의지하고 싶은 삶의 버팀목이자 감정적 도피처로 보이게 한다. 이것이 세계화의 역설이다.

---

* Edward Webster · Rob Lambert · Andries Bezuidenhout, *Grounding Globalization : Labour in the Age of Insecurity*(Malden : Blackwell Publishing, 2008), vi~vii쪽.

우리는 세계화와 민족주의의 관계를 이해하는 데 유용한 또 하나의 흥미로운 자료를 추가할 수도 있다. 유럽 통합 과정은 20세기 전반기에 경제 위기의 대응책으로 떠오른 이른바 지역화 내지 블록화의 한 사례라고 할 수 있는데, 지역화·블록화는 통상 세계화의 한 사례로, 혹은 적어도 민족 국가의 쇠퇴하는 현실을 보여주는 징표로 간주된다. 여하튼 1945년 이후의 유럽은 자신의 민족주의적 과거를 극복하려는 고투를 벌이고 있으며 유럽 연합European Union(이하 EU)이라는 새로운 유형의 초국가적·초민족적 지배 구조를 실험하고 있느니만큼 세계화 시대에 민족 국가와 민족주의가 맞이한(혹은 맞이할) 운명을 좀 더 심도 있게 이해하는 데 의미 있는 자료를 제공해주는 역사적 사례이다.

유럽 통합

하나의 유럽이라는 이상은 오래전부터 있었다. 그것은 단테Dante Alighieri(1265~1321)와 뒤부아Pierre Dubois(1250?~1320) 이래로 수많은 지식인들의 상상력을 휘감아왔다. 유럽은 하나이며 하나가 될 운명이라는 영감은 19세기에 민족주의가 급격히 부상할 때에도 사그라지기는커녕 오히려 예전보다 더 강력하게 빛을 발했다. 마치니와 같은 민족주의자도 자유롭게 해방된 유럽 민족 국가들의 연방적 정치체를 상상했으며, 위고Victor Hugo(1802~1885)와 카타네오

위고
19세기 프랑스의 시인이자 작가로 《레 미제라블Les
Misérables》 등의 걸작을 남겼다. 미국을 본보기로 하
는 '유럽 합중국'과 유럽 단일 화폐를 주창한 정치인
이기도 했다.

카타네오
밀라노 태생의 이탈리아 애국자로서 1848년 밀라노
혁명을 주도하고 임시 정부 수반으로 활동했다. 연방
주의 방식의 이탈리아 통일을 지지하면서 '유럽 합중
국'을 제창했다.

중세 서유럽에서 사용
된 TO 지도. 당시 세
계를 유럽, 아프리카,
아시아의 셋으로 나누
어 인식하고 있었음을
보여준다

Carlo Cattaneo(1801~1869) 등의 탁월한 지식인들도 미국을 떠올리며 '유럽 합중국'을 상상했던 것이다. 그렇기에 이러한 꿈들이 없었어도 오늘날의 EU가 존재할 수 있었을까 적잖이 의심된다. 유럽 통합을 연방주의의 시선으로 보는 이들은 그와 같은 유럽 이념의 연속적인 진화 과정의 결실로서 오늘날의 EU를 파악한다. 그들에게 EU는 당위적 현실인 것이다.

그러한 유럽 이념의 뿌리 깊은 존속에도 불구하고 실제의 유럽은 항상 (일찍이 프랑스의 드골이 표현했듯이) '민족 국가들의 유럽'으로 존재해왔음을 부정할 수 없다. 유럽 이념은 이슬람 세력의 공격이나 아시아인의 황화黃禍, 혹은 공산주의와의 경쟁 등 외부의 위협에 직면할 때마다 어김없이 등장하곤 했으나, 그러한 위협이 사라지면 유럽 이념도 슬그머니 자취를 감추게 마련이었다. 거듭 강조하거니와, 하나의 유럽은 어디까지나 이념에 불과했고, 현실은 '민족 국가들의 유럽'이었던 것이다. 이러한 맥락에서 유럽 통합을 현실주의의 시선으로 보는 이들은 1945년 이후에 유럽 통합이 실질적으로 진전될 수 있었던 것은 유럽 각국 간의 초민족적 협력이 전후 붕괴 직전에 처한 절박한 유럽 민족 국가들을 구제할 수 있는 유일한 방편이었기 때문이라고 생각한다. 현실주의자들은 그 이후로도 유럽은 단 한 번도 민족 국가를

황화

아시아인들이 유럽인들에게 끼칠 잠재적인 해악을 뜻하는 표현이다. 1895년에 독일 황제 빌헬름 2세가 일본의 부상을 염두에 두면서 러시아 차르에게 황인종의 위협에 대해 처음 말한 것으로 전해진다. 황인종이 유럽인들을 위협한다는 이러한 황화론은, 실상 유럽이 아시아를 식민 지배했던 현실을 고려하면, 서양 제국주의를 교묘하게 정당화하는 논리이자 동양 세계에 대한 비틀린 시선으로서, 일종의 오리엔탈리즘의 사례라고 할 수 있다.

독일 민족의 수호신인 대천사 미카엘이 유럽 각국의 수호신들에게 화룡(중국)을 타고 돌진해 오는 부처(일본)의 위협, 즉 황화를 경고하고 있다

포기한 적이 없으며, 실제 EU 역시 초민족적 정치체가 아니라 정부 간 협상 체제intergovernmentalism로서 기능해왔을 뿐이라고 생각한다.

한편, 연방주의자와 현실주의자 사이에서 양자를 교묘하게 타협시키려 하는 제3의 기능주의자가 있다. 기능주의자는 유럽 연방과 같은 결속력 있는 유럽 통합의 이상을 지지하지만, 그 방법은 현실적이어야 한다고 생각한다. 그들은 하나의 유럽과 같은 이념적 요소보다는 실제적인 공동체 제도들을 더 강조한다. 그들에 따르면, 공동체 제도들은 일단 만들어져 세상의 빛을 보게 되며, 설령 나중에 쓸모없어진다 해도 쉽게 사라지지 않는다. 그런 점에서 이러한 공동체 제도들의 무의식적인 '파급 효과 spillover'로써 유럽 통합을 능히 사고할 수 있다는 것이 바로 기능주의자의 생각이다. 이러한 지침에 따르면, 유럽 통합을 진척시키는 방법은 실제적인 민족 국가들 간의 제도적인 협력의 틀을 끈기 있게 창출해나가는 것이다.

이러한 연방주의, 현실주의, 기능주의 외에 유럽 통합을 이해하는 또 다른 유형의 흥미로운 접근법이 있다. 이를 민족주의의 시선이라고 불러도 좋을 텐데, 가령 헤치터Michael Hechter의 견해가 그러한 접근법을 대표한다고 할 수 있다. 그는 하나의 유럽을 만들려고 하는 오늘날의 노력을 곧 하나의 유럽 민족European Nation을 형성하려는 노력이라고 본다. 특히 헤치터는 유럽 민족의 형성 과정을 19세기의 이탈리아와 독일처럼 공통의 문화적 바탕 위에서 분열된 다수의 정치체들을 통합해나가는 통일 민족주의의 현대적 사례로 제시한다. 그런데 헤치터는 유럽 민족의 형성 과정이 가일층 불붙기 위해서는 외부의 위협이 필수적이라고 본다. 19세기의 이탈리아와 독일의 통일이 프랑스라는 외부의 위협에 맞서 이루어졌듯이 말이다. 그는 오늘날에는 미국과 환태평양 연안 국가들의 경제적 위협이 그러한 외부의 위협이라고 생각한다. 그러한 위협에 맞서 오늘날 유럽인들은 유럽 민족주의를 발전시키고 있으며, EU는 바로 유럽 민족주의의 현 단계 성과라는 것이다.

헤치터의 견해를 얼마만큼 받아들일 수 있을까? 일단 오늘날 EU가 민족주의를 넘어선다고 말하면서도 역설적이게도 전통적인 민족주의의 소품들——국기와 국가, 경연 대회와 기념물 제작──을 거리낌 없이 전용하면서 단일한 유럽적 정체성을 만들려 하고 있음은 사실이다. 종래의 민족 국가들이 민족적 전통들을 만들어 단일한 민족적 정체성을 주조하려고 했듯이 말이다.

그러나 유럽이 단일한 정체성을 만들어낼 수 있는 문화적 자원이 존재하느냐 하는 문제에 이르러서는 대답이 궁색해진다. 가령 기독교를 유럽 공통의 문화적 토대로 생각할 수도 있으나, 이는 수많은 비기독교도들과 무신론자들이 득실대는 오늘날의 유럽 사회의 현실을 고려하면 스스로에게 족쇄를 채우는 어리석기 그지없는 생각이다. 요컨대 유럽 민족이 기독교에 바탕을 두기에는 오늘날의 유럽은 너무 크다. 물론 기독교 이외에 그리스-로마의 문화 전통, 기독교-유대의 종교 전통, 근대 과학과 법치국가의 원리, 계급 투쟁과 이로부터 성립한 사회적 정의의 이념 등 좀 더 포괄적인 유럽 태생의 문화적 자원들을 언급할 수도 있을지 모른다. 그러나 이러한 자원들은 오늘날 유럽만의 고유한 것이 아니라 미국과 오세아니아 등도 공유하는 것이다. 요컨대 유럽 민족이 그러한 전통에 바탕을 두기에는 오늘날의 유럽은 너무 작다.

이러한 문화적 자원의 빈곤 외에, EU가 유럽 민족으로 발전하는 데 필요한 대중의 열정을 일깨울 역량이 있느냐 하는 문제에 대해서도 대답은 부정적이다. 확실히 민족은 '피와 흙'에 대한 애착, 공동의 기억과 신화에 의해 끈끈하게 감정적으로 결속된

EU가 민족주의를 넘어섰다고 스스로 주장함에도 불구하고 여전히 민족주의에 기초해 있는 것처럼 보일 여지가 있을 정도로 민족주의는 아직도 끈질긴 생명력을 보여주고 있다. 민족 국가는 EU라는 성충이 벗어던진 과거의 허물에 불과한 것은 아니다.

'느낌의 공동체'이다. 그런 점에서, 민족에 합리주의적 성향이 없지 않지만 그럼에도 일반적으로 민족은 "합리적 인간의 옆구리에 박힌 가시"(그로스비, 《민족주의》)와도 같은 것으로 여겨지는 것이다. 그러나 EU는 합리주의적 기풍이 강한 도시 부르주아들과 기술 관료들의 기능적 결합체라고 할 수 있다. 그런 점에서 EU에게도 민족은 (매혹적인 향기와는 별개로) 치명적인 장미 가시일 수 있다.

그렇다면 EU가 유럽 민족 국가로 발전할 수 있다는 헤치터의 견해를 받아들이기는 어렵다. EU는 민족 국가의 전신이라기보다는 차라리 제국적 형태의 국가에 더 가까운 것으로 보인다. 그러나 EU가 제국인가 하는 것도 심도 있는 토론을 요구하는 문제이다. 이 대목에서 EU가 민족 국가인가 제국인가의 문제를 토론할 여유는 없다. 다만, 중요한 것은 EU가 민족주의를 넘어섰다고 스스로 주장함에도 불구하고 여전히 민족주의에 기초해 있는 것처럼 보일 여지가 있을 정도로 민족주의는 아직도 끈질긴 생명력을 보여주고 있다는 점이다. 물론 헤치터처럼 유럽 민족주의를 운위하기는 힘들지라도 앞에서 언급한 현실주의자들과 기능주의자들은 EU라는 초민족적·탈민족적 공동체의 존재에도 불구하고 여전히 그러한 공동체가 실은 민족 국가에 바탕을 두고 있다거나, 아니면 민족 국가와 훌륭하게 공존하고 있음을 잘 보여주고 있는 것이다. 그런 점에서 최근에는 EU를 유럽, 민족, 지역 등이 다차원적인 수준에서 접목되면서 기성의 통치government를 대체하며 등장한 새로운 지배 구조, 즉 **다층 지배 구조**multi-level governance로 보려는 시각이 나타났다. 그러나 이 경우에도 여전히 민족 국가의 수준은 의연히 존재하며 EU의 작동을 규정하는 중요한 요인으로 기능한다. 민족 국가는 EU라는 성층이 벗어던진 과거의 허물에 불과한 것은 아니다. 그렇다면 민족적 분할의 현실을 뛰어넘는 세계화와 지역화·블록화의 대표 사례로서 유럽 통합이 보여주는 한 가지 명백한 역설적 진실은, 민족주의를 초극하려는 경향과 민족주의 자체는 얼마든지 공존할 수 있다는 것이다.

민족주의의 종언?

민족주의의 귀환

유럽 통합의 사례가 잘 보여주듯이, 초민족주의 · 탈민족주의와 민족주의는 하나가 다른 하나를 대체하는 관계에 있지 않다. 실제로 오늘날의 많은 연구자들은 세계화가 급진전되고 민족 국가가 약화되는 추세에도 불구하고 민족주의의 부활 내지 재생을 서둘러 선언하고 있다. 실제로 캐나다의 역사가이자 정치인인 이그나티에프Michael Ignatieff는 1993년에 이렇게 선언했다. "억눌린 것이 돌아왔다. 그 이름은 민족주의이다."

사실, 민족주의는 제2차 세계 대전 직후에 조성된 냉전적 상황에서 자유 민주주의와 공산주의라는 두 가지 보편 이념의 틈바구니에서 억눌리게 되었다. 그런 가운데 세계화가 진척되고 세계주의가 발화되자, 민족주의는 더더욱 설 땅을 잃게 된 듯이 보인다. 그러나 1989년 이후에 냉전 체제가 와해되면서 민족주의가 제 목소리를 찾고 예전의 활력을 충전하기 시작했다. 이러한 상황을 두고 가히 민족주의의 귀환이라고 할 수 있을 것이다. 그런데 되돌아온 민족주의라는 '탕아'는 평안한 가정에 평지풍파를 몰고 왔다. 민족의 종교가 새로운 신도를 규합하고 무장시켜 성전을 외치며 다른 민족과의 생사를 건 투쟁에 나선 것이다. 그런 가운데 1990년대 동유럽에서 '종족 청소'라는 끔찍한 용어까지 나타나기에 이르렀다. 그리하여 귀환한 민족주의는 전 세계에 전쟁과 테러 등의 불길하고 암울한 그림자를 드리웠고, 지각 있는 사람들은 민족주의의 위험성을 앞다투어 경고하고 나섰다. 이제 민족주의는 테러리스트나 게릴라를 연상시키는 파괴와 유혈의 개념으로 표상되었고, 그럴수록 동유럽이나 제3세계에서나 통용될 법한 후진적이고 야만적인 이데올로기로 간주되기 십상이었다.

호주의 민족주의 연구자인 네언Tom Nairn은 1989년 이후에 들불처럼 번져나간 민족주의의 열병을 가리켜 1870년대의 민족주의의 첫 번째 도래에 이은 두 번째 도래라고 명명하기도 했다. 그의 논의에서 흥미로운 부분은 2001년 9월 11일 세계무역센터에 대한 테러 사건 이후에 민족주의의 세 번째 도래라고 할 수 있는 중대하고도 의미 있는 현상이 나타났다고 지적하는 대목이다. 특히 네언은 2001년 이후에 미국과 영국, 호주 등 선진국들에서 권위주의와 결합된 새로운 민족주의의 객관적 추세가 강화되고

네언

9·11 테러 희생자를
추모하는 조지 부시
미국 전 대통령 부부

있음에 주목한다. 그는 이러한 현상들에 주목하면서 원래 민족주의가 강대국의 이념이었음을 상기시킨다. 그는 예컨대 프랑스의 경우에 '민족주의le nationalisme' 라는 말이 1874년 피에르 라루스Pierre Larousse(1817 ~1875)의《19세기 세계 대사전Grand Dictionnaire universel du XIXe siècle》에 처음 등장한 사실이 의미심장하다면서 이때 프랑스에서 민족주의가 거세진 것은 강대국으로서의 프랑스의 지위가 추락하던 당대 상황에 대한 반응이었다고 본다. 요컨대 민족주의는 강대국의 우월성이 위협받는다고 의식될 때 등장하는 현상이라는 것이다. 그리고 이는 2001년 이후의 민족주의에서도 똑같이 확인된다는 것이 네언의 생각이다. 이렇게 보면, 민족주의는 과거 후진국에서나 유효했던 퇴물 이데올로기로 간주될 수 없을 것이다.

물론 네언의 주장처럼 민족주의가 원래 강대국의 이념이었다고 해도 민족주의가 약소국의 발전을 위해서도 효율적인 기치가 되었음은 부정할 수 없다. 가령 제2차 세계 대전 이후에 제3세계 각국에서 민족주의는 활력 넘치고 희망에 찬 발전의 견인차로서 나름의 역할을 다했다. 예컨대 아시아와 중남미 등지에서 민족주의는 경제 개발과 이를 위한 대중 동원의 효율적인 구심력으로 기능했고, 아프리카 대륙에서는 1960년에 민족 국가 건설

세이렌

그리스·로마 신화에 나오는 바다의 요정. 이탈리아
서부 해안을 지나는 배들을 향해 아름다운 소리를 내
어 선원들을 홀림으로써 그들이 바다에 빠져 죽게 했
다. 그리스의 영웅 오디세우스도 귀향길에서 세이렌
의 유혹을 받았으나, 귀를 막고 몸을 묶어 유혹을 견뎌
냈다고 한다. 영어권에서는 사이렌이라고 부른다.

봄——아프리카의 해!——이 일어 이 한 해 동안 신생
독립 국가들이 대거 등장했다. 이러한 사실들을 고려하
면, 민족주의는 귀환하기는커녕 애당초 억눌린 적도 없
었고, 밀물처럼 도래하기는커녕 애당초 썰물처럼 빠져나
간 적도 없었다고 말해야 옳을 것이다. 사실로 말하자면,
민족주의라는 세이렌은 과거에도 현재에도 언제나 매혹
적이었다. 굳이 민족주의가 억눌리거나 매력 없게 여겨
진 경우가 있다고 한다면, 제2차 세계 대전 이후 서유럽

존 윌리엄 워터하우
스, 〈세이렌〉(1900)

과 미국의 언어생활에서였을 것이다. 그러나 재차 언급하거니
와, 네언과 같은 학자들은 민족주의의 언어가 쇠퇴한 서유럽과
미국에서도 최소한 9·11 테러 이후에 민족주의가 새롭게 도래
하고 있음——민족주의의 제3의 물결!——에 주목하고 있다. 그
렇기에 미국에서 예전이라면 어색하게 들렸을 '아메리칸 내셔널
리즘American nationalism' 이라는 말이 공공연히 통용되는 것이다.

종언론의 종언

흥미로운 것은, 민족주의의 여전한 위세에도 불구하고 민족주의
의 종언을 선포하는 담론 역시 사라질 기미가 조금도 없다는 사
실이다. 일찍이 공산주의의 붕괴를 지켜보면서 후쿠야마Francis
Fukuyama가 '역사의 종언' 을 운위한 이래로 그 이전의 모든 이데

2001년 9·11 테러 당시 세계무역센터가 불타는 모습

호주의 민족주의 연구자 네언은 2001년 9월 11일 세계무역센터에 대한 테러 사건 이후에 민족주의의 세 번째 도래라고 할 수 있는 중대하고도 의미 있는 현상이 나타났다고 지적한다. 특히 그는 2001년 이후에 미국과 영국, 호주 등 선진국들에서 권위주의와 결합된 새로운 민족주의의 객관적 추세가 강화되고 있음에 주목하면서 원래 민족주의가 강대국의 이념이었음을 상기시킨다. 민족주의는 강대국의 우월성이 위협받는다고 의식될 때 등장하는 현상이라는 것이다.

애국자법

애국자법의 정식 명칭은 반테러리즘 입법Anti-terrorism
legislation으로서, 9·11 테러 직후인 2001년 10월 26
일에 전격적으로 통과되었다. 이 법은 '테러와의 전
쟁'을 명분으로 범죄 수사의 편의를 위해 미국 시민의
기본권을 제한할 수 있도록 했다. 그리하여 수사 당국
의 도청 권한이 대폭 확장되는 등 언론, 결사, 신체의

자유 등이 제한되기에 이르렀다.

올로기의 종언을 고하는 담론, 즉 종언론이 유행했다. 후쿠야마
의 탈이데올로기적인 세계관에 따르면, 시장 경제가 유일무이한
힘으로 작동하는 세계화된 세상에서 남은 것은 정치적·이데올
로기적 문제가 아니라 경제적 자기 이해의 부단한 추구, 기술적
문제의 부단한 해결, 소비자 수요의 부단한 충족일 뿐이었다. 이
러한 맥락에서 민족주의를 둘러싼 갈등과 투쟁도 세계화와 시장
경제의 승리 앞에서는 모두 사소한 문제가 되고 역사의 뒤안길
에 묻힐 운명에 처했다고 여겨졌다. 그러나 후쿠야마는 세계화
에 대항하여 반세계화 운동이 전면에 등장하고 민족 국가들이
스스로를 보호하려는 운동이 전개되고 있음을 간과한다. 9·11
테러와 그에 잇따른 '테러와의 전쟁'은 여전히 역사가 종료되지
않았음을 웅변해준다. 더군다나 애국자법Patriot Act의 통과로 대표
되는 미국의 새로운 민족주의적·애국주의적 경향도 후쿠야마
의 분석을 무색하게 한다.

　한편, 후쿠야마식의 과격하고 직설적인 종언론까지는 아니더
라도 민족주의의 폐해를 강조하고 민족주의의 유효 기간이 지났
음을 부각하는 담론 또한 종언론의 온건한 변종이라고 할 수 있
겠다. 이러한 변종 담론도 학계에서, 그것도 세계화와 시장 경제
의 승리를 찬양하는 후쿠야마와는 사뭇 상반되는 세계관을 지닌
학자들 사이에서 진리처럼 통하고 있다. 가령 홉스봄은 동유럽
형의 종족적 민족주의를 후진성에서 나오는 퇴행적 감정이자 근

테러와의 전쟁

대 세계의 힘을 거부하는 반동으로 간주하며 서유럽형의 공민적 민족주의를 바람직한 대안으로 제시한다. 그러나 후발국에서 민족주의가 근대화를 추진한 힘이었다는 점은 간과되었고, 선발국에서도 민족주의가 강한 종족적 성격을 띠고 있었다는 점은 망각되었다. 그런가 하면 민족주의는 곧 사라질 운명에 처해 있다고 생각되기도 했다. 홉스봄은 "헤겔이 말하듯, 지혜를 가져오는 미네르바의 올빼미는 해가 져야 날았다. 그것이 현재 민족과 민족주의 주위를 나는 것은 좋은 징후이다"(《1780년 이후의 민족과 민족주의》)라고 생각했다. 그런데 이렇듯 민족과 민족주의의 해가 졌다는 홉스봄의 생각이 표명된 책이 출간된 해는 1990년이었는데, 그 직후에 얄궂게도 동유럽 등지를 필두로 민족주의가 민족주의의 폐해를 지적하는 일은 필요하고, 또 좋은 일이지만, 그렇다고 민족주의의 현실을 부정함으로써 민족주의로부터 쉽게 탈피할 수 있다고 가정하거나 민족 국가가 역사적으로 이룩한 현실적 성취마저 부정하는 일은 금물이다.

폭발적으로 분출해 그의 판단이 성급했음을 웅변해주었다.

또한 독일의 역사가 벨러Hans-Ulrich Wehler도 민족 국가의 유효 기간이 지났음을 공지하면서 민족 국가의 개념을 법치 국가나 사회 복지 국가의 개념으로 대체하자고 제안한다. 그는 민족 국가의 시대에 경제 성장이나 복지 증진이 이루어진 것은 순전히 우연에 불과하다고 주장함으로써 민족 국가의 공적을 인정하는 데극도로 인색한 태도를 내비친다. 그런 후에 홉스봄과 마찬가지로 민족주의의 운명을 어둡게 채색한다.《허구의 민족주의》에서 "비상하기도 전에 민족주의의 마지막 황혼이 찾아왔다"라고 쓴것이다. 벨러가 나치즘이라는 초강력 민족주의의 본고장인 독일출신 학자임을 고려하면, 그가 민족주의에 대해 강박적일 정도의 경계 태세를 보이는 것은 충분히 이해가 가는 일이다. 그렇기는 하지만, 벨러는 나치 독일이 패망한 후 '그라운드 제로'가 되어서야 민족주의가 쇠퇴했다는 점이 독일 민족주의의 뿌리 깊은힘을 간접적으로 입증하고 있음을 고려하지 않는다. 또한 그는 '우리는 하나'라는 강한 수평적 동질감과 평등주의적 연대감을통해 민족 구성원들의 역량을 결집하고 동원하는 독일 민족 국가의 힘이 없었다면 독일의 강력한 경제 성장과 복지 증진 등의성과도 없었으리라는 점 역시 간과하고 있다.

요컨대 민족주의의 폐해를 지적하는 일은 필요하고, 또 좋은일이지만, 그렇다고 민족주의의 현실을 부정함으로써 민족주의로부터 쉽게 탈피할 수 있다고 가정하거나 민족 국가가 역사적으로 이룩한 현실적 성취마저 부정하는 일은 금물일 것이다. 우리는 민족주의가 이 세상에 폐해를 끼친 만큼이나 공적을 쌓았음을 인정하지 않을 수 없으며, 민족주의는 우리가 마음대로 썼다 벗을 수 있는 안경 따위가 아니라 우리가 세상을 보는 창으로서의 눈과 같은 것임을 잊어서도 안 될 것이다. 말하자면, 우리는 민족주의를 있는 그대로 바라보고 그것이 우리에게 행사하는 현실적인 구속력을 인정하는 바탕 위에서 우리의 삶을 증진시켜 줄 수 있는 실질적인 방법을 모색해야 한다.

이상의 사실은, 우리가 민족주의를 선과 악, 사랑과 증오의 이분법으로 보아서는 안 될 것이라는 점을 강력히 시사한다(선한 민족주의와 악한 민족주의, 사랑의 민족주의와 증오의 민족주의를 나누는 이분법도 매한가지이다). 기실, 민족주의를 절대 선으로 보는 태도가 민족주의를 절대 악으로 보는 태도를 낳았고, 그 역도 마찬가지였다. 민족주의를 보는 그러한 이분법적 시각은 셰익스피어의 비극에 나오는 데스데모나에 대한 오셀로의 이분법적 사랑을 연상시킨다. 오셀로는 데스데모나를 '눈보다 더 희고 설화석고 묘상墓像처럼 매끄러운 그 살결'로 이상화한다. 하지만 그녀는 죽어야 한다. '안 그러면 더 많은 남자를 배신할 테니까.' 이것은 정말이지 이상한 논리이다. 데스데모나를 그렇게 이상화한 것부터 도가 지나치다. 게다가 다른 남자가 배신당하지 않도록 그녀가 죽어야 한다는 것은 아예 말도 안 되는 논리이다. 그렇듯 민족주의의 죽음도 다음과 같은 논리로 정당화될 수는 없다. 민족주의는 순결해야 한다. 그러나 민족주의는 그러한 순결함에 대한 우리의 기대를 등졌고 앞으로도 배신할 것이다. 그러므로 민족주의는 죽어야 한다. 요컨대 이러한 논리는 비극을 부르는 폭력일 뿐이다. 그런데도 오셀로는 5막 2장에서 데스데모나에 대한 폭력을 다음과 같이 정당화함으로써 비극을 초래했고, 끝내 스스로 목숨을 끊음으로써 비극을 완성했던 것이다.

이건 이유가 있단다. 이유가 있단다. 내 영혼아,
저 순결한 별들에게 밝히진 않겠지만
이건 이유가 있단다. 그래도 난 피를 흘리거나
눈보다 더 희고 설화석고 묘상처럼
매끄러운 그 살결에 상처를 내진 않으리라.
그래도 그녀는 죽어야 해, 안 그러면
더 많은 남자를 배신할 테니까.*

---

* 셰익스피어, 《오셀로》, 최종철 옮김(민음사, 2001), 180~181쪽.

민족주의의 제3의 물결?

호주의 민족주의 연구자 네언은 2001년 9·11 테러 이후 미국과 영국, 호주 등에서 감지되는 민족주의의 새로운 도래에 주목한다. 이는 권위주의와 결합한 '주의ism' 라는 꽉 끼는 외투로 몸을 감싼 민족**주의**이다. 그러나 네언은 군국주의적인 민족주의와 민족적 정체성의 정치를 주의 깊게 구분하고자 한다. 이는 이미 본문에서 제안한 **민족**주의와 민족**주의**의 구분이 필요할 뿐만 아니라 정당한 것임을 재차 확인해준다. 네언은 명백히 9·11 테러 이후에 도래한 무서운 야수의 형상을 띤 군사화된 민족주의의 부상을 경고하지만, 오늘날의 세계화된 환경에서 민족주의의 그러한 제3의 물결이 쉽게 허용되지는 않으리라고 내다본다.

예이츠는 1920년대에 쓴 유명한 시 〈두 번째 도래The Second Coming〉에서 민족주의와 파시즘의 시대가 임박했음을 예고했다. 2001년 9월 11일에 발생한 테러의 뒤끝에서 다른 '거친 야수들'이 몰려옴에 따라 오늘날 그의 시구들은 어쩔 수 없이 새로운 의미를 띨 수밖에 없다. 우리는 그들의 겉모습을 보면서 과거를 되돌아보고 군사화된 권위주의의 초기 판본들과의 유사성을 인정하지 않을 수 없게 된다. 최근에 그렇게도 큰 관심의 대상이었던 대영 제국과 로마 제국과의 유사성만을 말하는 것은 아니다. 민족**주의**의 이야기는 민족적 정체성의 이야기와 민족성이나 해방에의 요구와는 구별된다. 후자는 18세기 이후에 정립되어 명백히 계몽사상의 주제들과 연관되어 있었다. 그 반면에 전자는 좀 더 늦은 시기 과정의 산물로서, 보불 전쟁과 미국 남북 전쟁, 이탈리아 국가와 독일 국가의 구성 이후인 1870년대에 이르러서야 비로소 출현했다. 민족주의는 1870년대의 제국주의적인 기후에서 제1차 세계 대전 등등에 이르는 시기에 특징적으로 '위대한 민족' 혹은 지상권의 이념을 추구했다. 이는 다른 곳에서도 재생산되고 영감을 불러일으켰지만 말이다. 그것은 1989년 이후에 신자유주의의 사도들의 예언과는 반대로 세계화의 환경 속에서 재출현했다. 그럼에도 세계화된 환경으로 말미암아 '세 번째 도래' 혹은 제2차 세계 대전 이후에 일어난 전변과 같은 이데올로기적 전환으로 이어지지는 않을 것 같다. 사태는 다른 방향으로 너무 멀리 진화해나갔고, 2001년 이후에 다시금 두드러지는 군사화된 '주의ism'가 **빠진**――혹은 '주의'에 맞선――민족적 정체성의 정치로 회귀하는 데 한결 유리해 보인다. 과연 그러한 군사화된 '주의'에 맞선 현재의 각종 반응들이 그러한 움직임을 보여줄 것이다.

— Tom Nairn, "Post-2001 and the Third Coming of Nationalism", Tom Nairn · Paul James (eds.), *Global Matrix : Nationalism, Globalism and State-Terrorism*(London : Pluto Press, 2005), 248쪽에서

에필로그

'민족주의 없는 민족'인가
'민족 없는 민족주의'인가

역사적으로 '민족주의'는 뒤늦게 조성돼 사용되었고, 그나마도 부정적인 뉘앙스가 짙게 묻어 있던 말이다. 그러나 이미 논했듯이, 민족주의 그 자체는 선하지도 않고 악하지도 않다. 민족주의 그 자체는 공적을 쌓기도 하고 폐해를 낳기도 한다. 민족주의는 민족주의일 뿐이다. 더군다나 민족주의는 다양한 의미를 함축하고 있다. 정체성으로서의 민족주의가 있을 수 있고, 이데올로기로서의 민족주의가 있을 수도 있다. 민족주의의 폐해를 부각하는 경우는 대개 후자의 민족주의와 관련해서이다. 그런 점에서 재차 강조하거니와 **민족주의**와 민족주의를 구별할 필요가 있고, 그 밖에도 민족주의의 다의성을 충분히 인정할 필요가 있다. 똑같이 민족주의를 말하면서도 서로 다른 뜻을 품는다면, 논쟁은 소모전으로 끝나고 말 것이다.

　그러나 이러한 구별보다 더 중요한 것은 민족과 민족주의의 근본적인 구별이다. 지금까지 민족주의는 치열한 논쟁의 대상이

되어왔다. 그리된 데는 여러 가지 이유가 있었을 테지만, 무엇보다 중요한 이유들 중 하나는 민족과 민족주의가 혼동된 데 있었다. 민족을 거론하는 것이 곧 민족주의를 주장하는 것으로 간주되고, 민족주의에 반대하는 것이 민족의 객관적 현실까지 부정하는 것으로 간주되는, 그러한 혼동이 문제였던 것이다. 그렇기에 민족과 민족주의를 구별하려는 시도가 줄곧 있었다. 가령 크리스테바Julia Kristeva와 같은 명민한 지성들이 표제어로 내걸기도 한, 이른바 '민족주의 없는 민족'의 모색이 그러한 시도의 사례이다. 이 민족주의 없는 민족이라는 개념은 자못 흥미로운데, 이 개념에는 민족을 객관적인 현실로 인정하면서 민족에 대한 특정한 이데올로기로서의 민족주의에 대해서는 경계한다는 발상이 담겨 있다.

그런데 오늘날 우리가 직면한 현실은 그 반대인 듯하다. 곧 '민족 없는 민족주의'의 현실이 그것이다. 신자유주의적 자본주의가 정부의 공적 개입을 제한하고 시장의 무한 경쟁이 공동체의 유대감을 해체시키는 상황에서 민족 혹은 민족 국가도 크게 동요하고 위축되고 있는 것이 오늘날의 현실이다. 그런 가운데 부활과 재생의 담론으로서 민족주의가 분주하게, 그리고 요란하게 호출되고 있는 것도 엄연한 현실이다. 그렇다면 오늘날 내세워지는 민족주의는 우리가 직면한 문제에 대한 처방이자 그 자체로 민족 없는 민족주의라는 현실에 잠복해 있는 어떤 문제에 대한 징후인 것이다. 우리는 민족주의라는 처방을 수용하거나 포기함으로써 민족주의 혹은 탈민족주의를 주장할 수 있다. 그러나 이보다 더 중요한 것은 민족주의가 강하게 내세워진다는 사실, 혹은 그에 대항해 탈민족주의적 비판이 치열하게 전개되고 있다는 사실 그 자체를 현실의 어떤 문제에 대한 징후로 인식하는 임상 의사의 태도를 견지하는 일이다.

이러한 맥락에서 '민족주의 없는 민족'이나 '민족 없는 민족주의'는 모두 하나의 근본적인 사실을 암시하고 있다. 민족과 민족주의는 길항 관계에 있다는 사실이 그것이다. 민족이 건강할 때 구태여 민족주의에 호소할 이유는 없다. 민족주의를 외치는 이유는 민족이 위태롭거나 또는 그렇다고 여기기 때문이다. 거꾸로 민족주의에 대해 침묵하는(혹은 침묵할 수 있는) 것은 민족 국가가 약하기 때문이 아니라 강하게 정립되어 있기 때문이다. 따라서 민족주의의 폐해를 없애는 유력한 방식은 민족주의를 부정하는 것이 아니라 민족적 현실을 긍정하고 민족의 건강한 발전을 도모하는 것이다. 그리고 민족의 건강한 발전을 위한 비책은 민족주의적 보편 이념을 호소하는 데 있지 않고 민족의 건강을 위협하는 진정한 원인을 진단하는 데, 말하자면 신자유주의적 세계화와 자기 조절적 시장 경제가 우리 삶에 미치는 효과를 명철하게 분석하고 그 대안을 진지하게 모색하는 데 있다. 이상으로부터 우리의 논의가 귀착되는 하나의 결론이 명백해진다. 바

로 우리의 논의가 출발할 때 전제가 되었던 것이 곧 결론이 된
다. 그 전제이자 결론이란 민족과 민족주의는 구별되고, 또 구별되어
야 한다는 것이다.

● 개념의 연표—민족주의(1789년 이후)

- 1789 │ **프랑스 혁명 발발**
  '민족'의 담론이 폭발하고 국민 주권의 원리가 천명되며 애국적 열정이 분출함

- 1799 │ **나폴레옹의 브뤼메르 18일의 쿠데타**

- 1803~1815 │ **나폴레옹 전쟁**
  프랑스인들에게 위대한 프랑스의 영광을 맛보게 하는 동시에 프랑스의 침공을 받
  은 유럽 각국에서 민족주의적 열정을 일깨우는 계기가 됨

- 1814~1815 │ **빈 회의**
  나폴레옹의 몰락 이후에 승전국들 사이에서 유럽을 프랑스 혁명 이전의 상태로 되
  돌리려는 결정이 이루어짐. 이로써 자유주의와 민족주의를 탄압하는 보수 반동적
  인 빈 체제가 수립됨

- 1817~1821 │ **독일의 부르셴샤프트 운동과 이탈리아의 카르보나리 운동**
  독일과 이탈리아 등지에서 보수적인 빈 체제에 맞선 자유주의와 민족주의 운동의
  열기가 고조됨

- 1829 │ **그리스 독립**

- 1848~1849 │ **유럽 혁명**
  프랑스의 2월 혁명을 필두로 유럽 전역에서 자유주의와 민족주의를 기치로 한 혁
  명이 일어남. 이 시기를 두고 '민족들의 봄'이라고 부름. 독일에서는 프랑크푸르트
  의회에서 독일의 통일 방안이 논의됨. 이탈리아에서는 밀라노, 베네치아, 로마 등
  지에서 혁명이 일어났으나 실패함

- 1861 │ **이탈리아 통일**

- 1871 │ **독일 통일**

- 1877~1878 │ **러시아-터키 전쟁. 영국에서 징고이즘 등장**
  19세기 전반기까지의 자유주의적 민족주의 경향이 퇴조하면서 호전적 민족주의가
  대두함. 또한 이때부터 '민족주의'라는 말이 본격적으로 널리 사용되기 시작함

- 1888 │ **독일에서 빌헬름 2세가 즉위하여 세계 정책 추구**

- 1912~1913 │ **제1차 발칸 전쟁**

- 1913 │ **제2차 발칸 전쟁**
  역사적으로 다양한 종족과 종교가 혼재해 있던 발칸 반도에 유럽 열강이 개입하고

민족주의적 원칙이 적용됨으로써 복잡한 민족 분규가 분출함

- 1914~1918 | **제1차 세계 대전**
  1918년에 윌슨이 민족 자결주의를 제창하고 유럽에 신생 독립 국가들이 출현함

- 1922 | **이탈리아 파시즘 집권**
  극단적 민족주의 운동인 파시즘이 최초로 집권에 성공함

- 1929 | **대공황**

- 1933 | **독일 나치즘 집권**
  나치즘을 통해 극단적 민족주의와 인종주의가 결합함

- 1939~1945 | **제2차 세계 대전**

- 1950 | **슈만 플랜 발표**
  유럽연합(EU)의 제도적 전신이라고 할 수 있는 유럽석탄철강공동체(ECSC)가 출범
  하는 계기가 됨. 슈만 플랜이 제안된 5월 9일이 오늘날 '유럽의 날'로 기념될 만큼
  슈만 플랜은 유럽 통합의 역사에 일획을 그음

- 1958 | **유럽경제공동체(EEC)와 유럽원자력공동체(Euratom) 발족**

- 1967 | **유럽공동체(EC) 발족**

- 1989 | **베를린 장벽 개방**
  냉전 체제가 와해되면서 동유럽에서 민족주의의 열기가 분출하기 시작함

- 1990 | **독일 재통일**

- 1991 | **구유고슬라비아 지역에서 종족 분규 분출. 제1차 유고 전쟁 발발**

- 1992 | **소련 해체. 독립국가연합 출범**

- 1993 | **EU 발족**

- 1998 | **구유고슬라비아 지역에서 코소보 사태 발생. 제2차 유고 전쟁 발발**

- 2001 | **미국 뉴욕에서 세계무역센터에 대한 테러 사건 발생**
  미국에서 '테러와의 전쟁'을 명분으로 애국자법이 통과되는 등 새로운 민족주의 ·
  애국주의 경향이 고조됨

'비타 악티바'는 '실천하는 삶'이라는 뜻의 라틴어입니다. 사회의 역사와
조응해온 개념의 역사를 살펴봄으로써 우리의 주체적인 삶과 실천의 방향을
모색하고자 합니다.

비타 악티바 23

민족주의

펴낸날 초판 1쇄 2011년 5월 15일
초판 2쇄 2019년 12월 10일

지은이 장문석
펴낸이 김현태
펴낸곳 책세상

주소 서울시 마포구 잔다리로 62-1, 3층 (우편번호 04031)
전화 02-704-1251(영업부) 02-3273-1333(편집부)
팩스 02-719-1258
이메일 bkworld11@gmail.com
광고제휴 문의 bkworldpub@naver.com

홈페이지 chaeksesang.com
페이스북 /chaeksesang
트위터 @chaeksesang
인스타그램 @chaeksesang
네이버포스트 bkworldpub

등록 1975. 5. 21 제1-517호

ISBN 978-89-7013-792-6 04300
978-89-7013-700-1 (세트)